CALLWEY

Judith Borowski

DAS UMZUGS-BUCH

Judith Borowski

DAS UMZUGS-BUCH

Raus mit Stil

Wie Sie ausziehen, umziehen, einziehen und trotzdem nicht die Nerven verlieren!

CALLWEY

Hier
öffnen!

INHALT

004 *Sich reduzieren*

005 *Den Umzugstag vorbereiten*

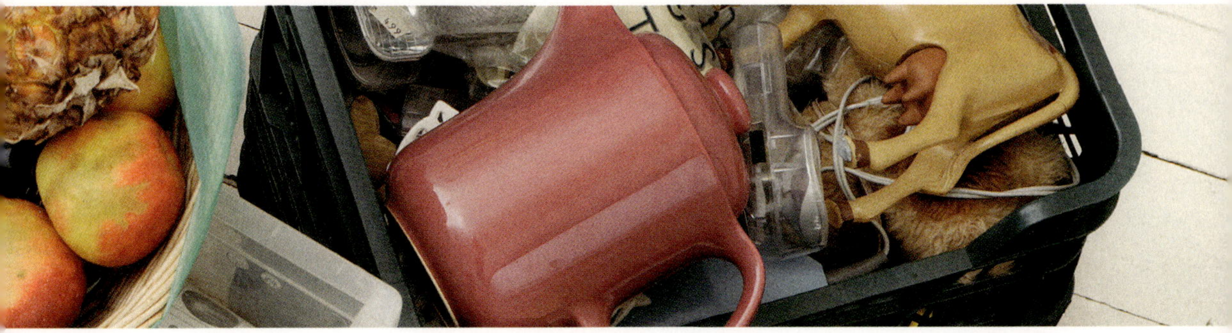

VORWORT

Große Teile der Zürcher Stadtverwaltung sind umgezogen. Der Deutsche Bundestag kam von Bonn nach Berlin. Vor dem Bau des Assuan-Hochdamms wurden die beiden Felsentempel von Pharao Ramses II. verlegt, und auf dem Flughafen London-Heathrow geriet der Umzug auf einen neuen Super-Terminal zum Desaster: *Umzüge gehören zum Leben, und oft sind sie aufwendiger als das, was Ihnen nun bevorsteht.*

Wer selbst, wie die Macher dieses Buches, höchstens Kisten mit Kuscheltieren tragen mag und jegliche Mühsal zu meiden versucht, braucht dennoch ein wenig Hilfe.

Das Umzugsbuch *verrät Tricks, wie die Zeit des Übergangs fröhlich werden kann und man sie wahrnimmt als das, was sie eigentlich ist – eine Zeit der Chancen.* Chancen vor allem für Menschen, die man als „in Wohnfragen fortgeschritten" bezeichnen könnte. Denn jetzt können Sie Bilanz und Konsequenzen ziehen: *Wie wollten Sie schon immer leben? Was hat gefehlt? Was möchten Sie loswerden? Mit welchen Dingen möchten Sie neu beginnen?* Zwar, klar, packt ein Buch nicht für Sie ein und an. Auch kann es keine Miet- oder Kaufverträge unterschreiben, und um den Transport müssen Sie sich ebenfalls kümmern. Doch wie Sie das alles in der richtigen Reihenfolge und lässig hinbekommen, wer Ihnen hilft, wie Sie en passant ausmisten, alles finanzieren, woran Sie denken müssen und was Sie getrost vergessen können, erfahren Sie hier. Hier wird verraten, wie Sie die Wohnung finden, die genau zu Ihnen passt, und was Sie tun müssen, um mit den Nachbarn gut klarzukommen.

Sie finden in diesem Buch alles, was Sie brauchen, wenn Sie an einen Wohnungswechsel denken oder gar bereits auf gepackten Kisten sitzen. Mehr brauchen Sie nicht.

Übrigens: Sie sind nicht allein. Jetzt, da Sie diese Zeilen lesen, packen Zehntausende ebenfalls ihre Siebensachen. Rund fünf Mal im Leben wechseln die Menschen hierzulande Wohnung oder Haus – einige zwar nie, andere dafür jedoch ständig. Immer mehr ziehen immer öfter um. Und wem das Wohnen wichtig ist, weil es eben das ist, was unserem Leben eine Hülle gibt, hat erkannt:

Umziehen ist nicht, wie Bismarck einst meinte, ein „halbes Sterben". Quatsch. Es ist der Start in ein neues und meist besseres Leben.

NOCH IN
DER ALTEN
WOHNUNG

001

SICH NEU ORIENTIEREN

001.01

In einer fremden Stadt das richtige Viertel finden, in der eigenen Stadt noch einmal ganz von vorn beginnen

Wollen Sie der Verflossenen nicht mehr täglich beim Bäcker begegnen? Möchten Sie aus der Wohnung direkt in die hippsten Kneipen purzeln? Ziehen Sie als Paar um, kurz vor der Rente, sind Sie Künstler mit enormem Platzbedarf oder haben Sie gerade eine Familie gegründet? Was wollen Sie ausgeben fürs Wohnen? Und was möchten Sie sehen, wenn Sie aus der Haustür treten? Fragen von der Art, wie Sie sie sich nun stellen müssen.

Wer ohne Vorkenntnisse neu in eine Stadt zieht, braucht Hilfe. Die kann ein Makler geben, denn wer makelt, sollte seine Stadt, die Gegenden und Wohnlagen kennen. Manchmal jedoch ist es ratsam, anbieterunabhängig zu recherchieren. Auch wenn Sie für einen neuen Job unfreiwillig den Wohnort wechseln: Nehmen Sie sich wenigstens die Zeit für einen Wochenendtrip. Stöbern Sie auf Internetseiten und in Stadtzeitschriften, suchen Sie Kontakt zu Leuten, von denen anzunehmen ist, dass die ähnlich ticken wie Sie. Machen Sie ausgedehnte Spaziergänge durch die Quartiere, sprechen Sie mit Galeristen, Goldschmieden, Leuten in Cafés, die Ihnen sympathisch scheinen. Mögen Sie die Atmosphäre des Ortes, sehen die Menschen aus, als könnten Sie mit ihnen klarkommen? In Großstädten sind die Bewohner einzelner Viertel oft sehr homogen: Studenten, Ausländer oder Künstler, kleine Beamte, etablierte Besserverdiener – beinahe jeder Gruppe lässt sich eine Gegend zuordnen. Sie können sich einreihen oder gegen den Strom schwimmen.

Über derlei nachzudenken hilft auch, wenn man in der eigenen Stadt umzieht. Vom Westend ins Szeneviertel, von der Vorstadt-Siedlung in einen Straßenzug mit mondänen Altbauten, von der Fabriketage im Hinterhof der einstigen Arme-Leute-Gegend in jene Ecke, wo Chefärzte ihre Häuser aneinanderreihen: *Sie brauchen nicht das Land zu wechseln, wenn Sie Neues suchen, Abenteuer. Fremde und Exotik liegen oft nur einen Steinwurf entfernt.* → Extra 1: Bilanz ziehen

Rechts: Was wollen Sie sehen, wenn Sie vor die Tür treten? Wer in eine Stadt zieht, die er noch nicht kennt, muss sich Zeit nehmen für die Wahl des richtigen Viertels.

001.02

Wollen Sie mit der Wohnung gleich das Land verlassen?

Die Gründe sind unterschiedlich. Fest steht: Zwischen Konstanz und Kiel, zwischen Görlitz und Aachen wollen immer mehr Menschen vor allem eines – weg. Und das nicht nur für einen 14-tägigen Urlaub.

Umzüge ins Ausland sind ein Thema für sich und erfordern besondere Vorbereitung. Wer seinen Lebensunterhalt durch Arbeit verdient, braucht eine *Arbeitserlaubnis.* In der Europäischen Union bekommt man die bei den jeweiligen Meldebehörden (unbedingt Ausweis und Arbeitsvertrag mitbringen). Wer in ein Land zieht, das nicht zur Europäischen Union gehört, muss seinen Arbeitgeber bitten, die Genehmigung zu besorgen. Vielleicht muss ein Teil Ihres Umzugsgutes verzollt werden. Dafür gibt es *Zollanträge.* Erkundigen Sie sich beim Deutschen Zoll oder auch beim Spediteur, denn die Regeln unterscheiden sich von Land zu Land. Versicherungen, Banken etc. sollten Sie frühzeitig über einen Umzug ins Ausland informieren. *Vor allem mit der Krankenkasse müssen Sie klären, ob deren Schutz auch dort gilt, wo Sie hinwollen* – selbst in EU-Ländern kann es da Schwierigkeiten geben. Für Katzen, Vögel, Hunde und Meerschweinchen ist ein Umzug innerhalb der Union meist unkompliziert. Andere Staaten verlangen Impfbescheinigungen oder Quarantäne-Aufenthalte – wo was gilt, erfahren Sie bei den Landesvertretungen. Dort fragen Sie auch gleich, ob Sie Ihre Usambara-Veilchen mitnehmen dürfen – nicht jede Pflanze kann man überallhin ausführen – und auch, ob Sie einen internationalen Führerschein brauchen. Achtung: *Einige Staaten erlauben die Einreise nur, wenn Ihr Pass noch mindestens drei oder sechs Monate gültig ist.* → 005.09 Umzug mit Hund, Katze, Maus

001.03

Planen Sie Trennung von Tisch und Bett?

Trennungen sind eine meist unschöne Angelegenheit. Man sollte sich klarmachen, dass danach nicht nur der Verlassene allein neu beginnen muss, sondern auch man selbst. Vielleicht wird man aber auch selbst verlassen. Wie auch immer: Für derlei gibt es andere

Bücher, Therapeuten und beste Freunde – gehen wir davon aus, Sie haben sich diesen Schritt reiflich überlegt und sind sich sicher: Es ist vorbei. Sie sind sich außerdem sicher, dass Sie dann der- oder diejenige sind, der bzw. die das Feld respektive die gemeinsame Wohnung räumen sollte. Dann empfiehlt es sich, dass Sie bereits vor dem finalen Beziehungsgespräch einige *Vorbereitungen* treffen. Wer danach nämlich noch sechs Monate bleibt, quält alle Beteiligten unnötig. Suchen Sie also beizeiten eine neue Bleibe und packen Sie dann wirklich ad hoc Ihre Koffer. Mitwohnzentralen können Interimslösungen bieten, etwa wenn eine Professorin der Kunstgeschichte für zwei Semester ihre efeuumrankte Remise von jemandem bewohnt wissen will, der einfach lieb zu einem nicht mitreisenden Kater ist. Greifen Sie zu, wenn sich eine solche Gelegenheit bietet – dann können Sie in aller Ruhe eine neue Wohnung suchen. *Ziehen Sie ferner Bilanz: Welcher Teil des Hausstands gehört Ihnen und welcher nicht? Was werden Sie neu brauchen? Müssen Sie etwas einlagern?* Sprechen Sie mit dem Ex-Partner fair über die Aufteilung von Möbeln, Töpfen, Pfannen. *Entscheiden Sie sich auch als Frau unbedingt für eine so genannte „Gentleman-Trennung“:* Seien Sie nicht kleinlich, eine Vase weniger wird Ihr Leben nicht verändern. Sind Sie beide Mieter, bitten Sie den Vermieter, Sie aus dem *Mietvertrag* zu entlassen. Ihr verflossener Partner müsste dieser Änderung schriftlich zustimmen. Ziehen Sie nicht einfach nur aus, sonst müssen Sie weiterzahlen. Zum Umzug sollte der oder die Ex einige Tage verreisen. Räumen Sie Ihren Teil der Wohnung und hinterlassen Sie alles in einem Zustand, der dem anderen den Neustart nicht unnötig schwer macht. → 012.02 Sonderfall Vereinigungsumzug: Was, wenn seine coolen Stühle nicht zu Ihren Blümchenkissen passen?

Erstmal ausprobieren: Umzug auf Zeit 001.04

Vielleicht möchten Sie gern für eine Weile auf den Cayman Inseln leben, endlich mal sehen, wie Bolivien ist, oder probieren, ob bei unseren Nachbarn in Tschechien nicht Ihr Erbe länger reicht? Wollen Sie statt in Rheinland-Pfalz Ihr Glück in Skandinavien, in Aserbaidschan, in der schönen Schweiz versuchen? Wo auch immer es Sie im Leben hinziehen könnte: Vielleicht gehen Sie es einfach ein bisschen sachte an.

Dabei können Ihnen Institutionen wie die Europäische Mitwohnzentrale helfen und auch Tauschagenturen nützlich sein: Menschen, die in anderen Teilen der Erde leben und gern mal sehen würden, ob für sie nicht Rheinland-Pfalz ein schicker Ort zum Leben wäre, ziehen in Ihre Wohnung, während Sie in deren Häuschen am Palmenstrand leben. Und falls dort alles doch nicht ganz so ist, wie man sich es einst zu Hause erträumt hatte – macht nichts, einen Versuch war es wert.

Wie so ein Austausch funktioniert? Mitwohnzentralen und Tauschagenturen, die derlei organisieren, gibt es immer mehr. Ihre Gebühren sind gering, und man findet sie im Internet unter Namen wie etwa HomeForExchange, Homehopping, Exchangehomes oder Haustauschferien.

Wer schleppt? Überlegen Sie gut, ob Sie einem Umzug auf eigene Faust gewachsen sind.

001.05

Wie teuer ist ein Umzug?

So eine Frage ist im Prinzip nicht zu beantworten. Jeder, dem Sie sie stellen, wird zumindest die Stirn runzeln und sagen: „Kommt darauf an." Sie könnten es aber wirklich darauf ankommen lassen und – wenn Sie nun sowieso schon dabei sind, die Wohnung zu wechseln – versuchen, es *mit einem Null-Euro-Umzug ins Guiness-Buch der Rekorde* zu schaffen. Das bedeutet: keine Umzugskartons, sondern Obstkisten. Keine Profis, sondern selber packen. Kein Liefer-, sondern ein Leiterwagen. Oder Sie versuchen jemanden zu finden, der Sie samt Ihrer Kisten per Anhalter mitnimmt von Wohnung A zu Wohnung B.

Wenn dies für Ihre Ohren fremd klingt, können Sie auch die Hilfe einer Relocation-Agentur in Anspruch nehmen. Das ist das komplette Gegenteil eines Null-Euro-Umzugs und ein Service, der durchaus mal 6000, 7000 Euro kosten kann. *Eine Relocation-Agentur – Relocation heißt wortwörtlich Umsiedelung – kümmert sich dafür jedoch um wirklich alles:* Die Mitarbeiter eines solchen Büros finden, wenn Sie das wünschen, eine neue Wohnung für Sie, packen alles ein und aus, übernehmen Behördengänge und Ummeldepost, kommen mit zu unangenehmen Bankgesprächen, sie bemühen sich um neue Kita-Plätze, sortieren Ihre Socken, organisieren die Einweihungsparty und rücken alle Möbel, bis sie richtig stehen. Wie gesagt: Es kommt einfach darauf an. → 005.08 Profis finanzieren

001.06

Wann hilft Ihr Chef beim Umziehen?

Arbeitgeber sind grundsätzlich erst einmal nicht dazu verpflichtet, Arbeitnehmern den Umzug zu bezahlen. Dennoch tun sie es manchmal:

1.) Wenn Sie als Arbeitnehmer umziehen müssen, weil auch das Unternehmen umzieht.
2.) Wenn Sie innerhalb des Unternehmens an einen neuen Standort versetzt werden.

Per Gesetz Anspruch auf Erstattung der Umzugskosten haben Sie allerdings nur dann, wenn Sie aus dienstlichen Gründen an einen weit entfernten Ort versetzt werden und Sie die für den Umzug gemachten Aufwendungen für erforderlich hielten (§ 670 BGB). Der neue Arbeitsplatz darf dafür aber wirklich nicht nur unerheblich weiter entfernt sein als der alte.

Nora Braun, in der Bundesvereinigung der Deutschen Arbeitgeberverbände (BDA) für Arbeitsrecht zuständig, sagt, „im Prinzip" sei alles Verhandlungssache: Es gibt Fälle, da die Firma freiwillig bei der Wohnungssuche hilft, und unter Umständen bekommen Sie sogar die Kosten für Reisen an den neuen Arbeitsort erstattet, wenn Sie dort wegen der Wohnungssuche hinmüssen. „So kann auch bei erstmaliger Arbeitsaufnahme für ein Unternehmen durchaus eine Kostenbeteiligung des Arbeitgebers möglich sein" – heißt: Wenn der Arbeitgeber genug Interesse an Ihnen hat, wird er zahlen. Fragen! → 005.08 Profis finanzieren, → 001.05 Wie teuer ist ein Umzug?

→ EXTRA 1: Bilanz ziehen

Erst die hübscheste Biene der Schule küssen. Dann das Examen schaffen, den Job bekommen, die Drachenflugausrüstung, das Auto, die G-Star-Shipmate-Chino-Midnight-Jeans, die schickste Wohnung. Die noch schickere Wohnung. Glauben Sie nicht, dass es sich damit nun hat! Ein jeder Wunsch, wird er erfüllt, kriegt augenblicklich Junge. Dieser Satz stammt von Wilhelm Busch, und er ist wahr. Es ist ein verbreitetes Phänomen, dass der Mensch im Laufe seines Lebens mehr will. Und hat er dieses Mehr erreicht, so will er noch ein bisschen mehr: Aber an dieser Stelle wollen wir mal einhaken. Da Konsumverzicht zu predigen a. nicht Thema dieses Buches und b. ohnehin meist zwecklos ist, raten wir zumindest dazu, sich die Sache reiflich zu überlegen. Sie ziehen um. Warum? Was sind Ihre Bedürfnisse, was wünschen Sie sich wirklich? Und was bietet diese Situation an Möglichkeiten?

Ein Umzug ist auch Gelegenheit, Wünsche zu erkennen und zu erfüllen. Sie wollten immer schon malen? Dann richten Sie sich Ihre neue Wohnung so ein, dass Sie Platz dafür haben. Sie wollen einen Flügel? Achten Sie auf Raum und Isolierung Richtung Nachbarn. Sie sind es satt, mit ihrem Dreijährigen tagein, tagaus an der öffentlichen Buddelkiste zu hocken? Vielleicht sollten Sie nach was mit Garten Ausschau halten (ein Gärtchen oder ein ordentlicher Balkon tun es, klar, auch). Gehen Sie es in Ruhe durch, machen Sie eine Liste: Welche Anforderungen erfüllt Ihre bisherige Wohnung – und welche Wünsche sind lange schon unerfüllt? Brauchen Sie weiterhin dieses repräsentative Wohnzimmer, obgleich doch immer alle in der Küche hocken und im Sommer auf dem Balkon? Ziehen Sie Bilanz und Konsequenzen daraus. Und seien Sie vorsichtig mit vermeintlichen Wünschen: Vielleicht will vor allem die Schwiegermutter einen Dampfgarer mit Dialog-Display in der Einbauküche. Und wenn Sie sich eine Bar samt Billardtisch im separaten Herrenzimmer nur wünschen, um den Chef zu beeindrucken, der dann eh nie kommt: lassen Sie's. Derlei fehlt Ihnen kaum zum Glück. → 003.13 Einbauküchen machen alt, → 005.10 Wie ein Mönch leben, cool bleiben

Super!

002

DIE SCHÖNSTE WOHNUNG FINDEN

Passt auch auf Hochhausdächer: Single-Wohneinheit Loftcube, ein Entwurf von Werner Aisslinger.

002.02

Penthouse, Landhaus oder Loft?

Jeder Sechste wünscht sich sehnlichst eigene vier Wände. 58,6 Prozent der Bundesbürger haben sie schon. Und ganz oben auf der Wohneigentums-Hit- und Wunschliste steht: das *Einfamilienhaus.* Ist es vernünftig geplant und auf Sie und Ihre Familie oder sonstige Wohngruppe zugeschnitten, spricht überhaupt nichts dagegen. Man kann darin frei und ungezwungen leben. Meist gibt es darin Platz und drumherum einen Garten, der Arbeit macht. Zu unterscheiden sind: *Bungalow* (eingeschossig auf großer Grundfläche), *Reihenhaus* (kleine Grundfläche, Nachbarn auf mindestens einer Seite), *Landhaus* (ein umgebautes Bauernhaus, eine ausgebaute Scheune, Kate), *Architektenhaus* (individuell mit einem solchen geplant). Was auch immer: Wenn man baut, ist man dabei nur bedingt frei und nie so frei wie man gern wäre. Fast überall gelten strenge Bauvorschriften.

Doch es gibt eine Menge anderer Wohnformen. Versuchen Sie ruhig, abseits des Mainstreams die Ihnen gemäße Form zu finden. Mieten oder kaufen ist eine Frage, die Sie auch mit Ihrem Bankberater diskutieren sollten. Doch was Sie mieten oder kaufen, müssen Sie selbst entscheiden. Und natürlich gilt: Es gibt mitunter die hässlichsten Villen und ganz wunderbare kleine Appartements.

Ein *Loft* ist eine Behausungsform, die Atelier spielt: Wo früher Künstler Fabriketagen mit Nordlicht bezogen, leben heute Leute, die den Charme alter Werkhallen, Licht und großzügige Räume schätzen. Für Inneneinrichter ein Eldorado. Aber wer es lieber richtig kuschelig mag, für den ist ein Loft vielleicht nichts: zu wenig Rückzugsecken, zu hohe Decken, oft ist das Heizen schwierig. Und wer einen schicken Blick auf Park und See schätzt, muss zumindest lange suchen: Fabriken liegen häufig nicht in den landschaftlich reizvollsten Ecken der Stadt.

Etagenwohnungen gibt es in den unterschiedlichsten Größen und Arten: Sowas kann prima sein. Wohnungen machen weniger Mühe als ein Haus. Begehrt sind heute wieder Hochhauswohnungen wie etwa von Corbusier im Berliner Hansaviertel oder auch in den zu DDR-Zeiten entstandenen Plattenbauten. Hier allerdings muss man sich meist mit dem Platzangebot begnügen, was Menschen früherer Jahrzehnte und anderer politischer Systeme zugesprochen wurde. Wer sich partout nicht mit Drei-Zimmer-Wohnungen, niedrigen Decken und kleinen Küchen anfreunden mag, der sollte vielleicht noch ein wenig weiter zurückblicken und nach einer herrschaftlichen Gründerzeit-, Biedermeier- oder Jugendstil-Wohnung Ausschau halten. Eine Beletage mit Parkett und Dielen, Stuck und Flügeltüren kommt vermutlich nie aus der Mode. Und natürlich kann man auch in aktuelle Architektur ziehen. Tatsache aber ist: Viele neue Mehrfamilienhäuser befriedigen heute nur den Geschäftssinn des Bauherrn. Ästhetisch gesehen sind viele eine Katastrophe. Allerdings prima isoliert. Hier wie dort gilt für Wohnungen: Meist hat man Nachbarn. Manchmal ist das gut, manchmal doof.

→ Extra 1: Bilanz ziehen, → 001.01 In einer fremden Stadt das richtige Viertel finden, in der eigenen Stadt noch einmal ganz von vorn beginnen, → 013.02 Was sich im Mehrfamilienhaus (und auch sonst) nicht gehört

002.03
Anzeigentexte formulieren

Auch dies ist ein Fall, in dem der Deutsche Mieterbund Tipps auf Lager hat: „Nicht gleich mit der Tür ins Haus fallen! Anzeigen wie ‚Schlagzeuger sucht gemütliche Zwei-Zimmer-Wohnung' oder ‚sechsköpfige Familie mit Kleintierzoo braucht mehr Platz' werden eher nicht zum gewünschten Erfolg führen", warnt Sophie Mecchia von der Pressestelle der mieterfreundlichen Institution.

Es ist naheliegend: Beim Formulieren von Wohnungsanzeigen gelten natürlich ähnliche Grundsätze wie beim ersten Gespräch mit dem Vermieter: Versuchen Sie, sich selbst treu zu bleiben, doch unterstreichen Sie Ihre Vorzüge, geben Sie sich solide, seriös, freundlich. Der Vermieter möchte, logisch, Mieter, die mit seiner Wohnung pfleglich umgehen und die stets pünktlich zahlen.

Tipp: Sind Sie Beamter, Arzt oder Universitätsprofessorin, sind Sie zumindest anzeigentechnisch fein raus: Auch wenn Ihnen das nicht ganz koscher erscheint – schreiben Sie es in die Such-Annonce. Zumindest hierzulande gilt noch immer: Sowas hilft. → 002.04 Vermieter beeindrucken

002.04
Vermieter beeindrucken

„Keine zerrissenen Jeans oder vor Dreck erstarrte Jacke", warnt Sophie Mecchia. Als Mitarbeiterin des Deutschen Mieterbundes kennt sie sich aus. Aber auf derlei wäre man selbst mit etwas Nachdenken auch gekommen: Die Bewerbung um eine Wohnung ähnelt der Bewerbung um einen Arbeitsplatz, also gelten hier ganz ähnliche Grundsätze. Der Wohnungsinteressent sollte außerdem einen soliden und am besten auch solventen Eindruck machen. *Denn kaum etwas fürchten Vermieter mehr, als ihrer Miete hinterherlaufen zu müssen, wenn der Mieter nicht zahlt.* Und da Sie in den meisten Fällen sowieso danach gefragt werden: Vielleicht bringen Sie Gehaltsnachweise und eine Schufa-Auskunft auch gleich mit, dann haben Sie ggf. einen kleinen Vorsprung.

Hans-Eberhard Langemaack kann hier nur zustimmen. Der freundliche Rechtsanwalt aus Hamburg leitet in Berlin die Geschäfte des Immobilienverbands Deutschland, kurz: IVD. Er sagt: „Auftreten ist ganz wichtig, das ist klar." Wer offen, klar und ehrlich wirke, habe einfach die besseren Chancen. „Typgerechte Kleidung" sei ebenso hilfreich wie, man muss es leider nochmals erwähnen, Geld: „Nach Beruf und Gehalt darf durchaus gefragt werden", sagt Herr Langemaack in distinguiertem, hanseatischem Tonfall. Allerdings könnten auch noch so viel Geld auf der Bank und noch so viele Nadelstreifen auf dem Anzug nicht helfen, wenn ein Vermieter das Gefühl hätte, dass das „menschlich" nicht passe, etwa zu ihm selbst oder zu jenen Menschen, die sonst noch im Haus oder nebenan wohnen. Das prall gefüllte Konto eines Kaufmanns könne schließlich auch das eines Zuhälters von St. Pauli sein. „Weiß man's?", fragt der 62-Jährige.

Sie hören nachts gern Hard Rock? Es gibt Leidenschaften, die Sie besser verschweigen.

Fazit: Wer freundlich ist und Vermietern das Gefühl gibt, dass er sein Geld brav verdient, ordentlich mit fremdem Eigentum umgeht und lieber Miete zahlt als Lokalrunden zu schmeißen, ist klar im Vorteil. → 002.05 Vermietern nicht alles sagen

002.05

Vermietern nicht alles sagen

Es gibt Fälle, da gehen Makler oder Vermieter zu weit. Da wird in Fragebögen zur Selbstauskunft nicht nur Wissenswertes abgefragt, sondern auch Privates oder gar Intimes. Der Mieterbund: „Die Beantwortung der Vermieterfragen respektive die Selbstauskunft ist freiwillig. Allerdings, wer nicht mitspielt und nicht antwortet, hat kaum eine Chance, die Wohnung zu bekommen." Deshalb wird empfohlen, alles zu beantworten, aber nicht immer richtig. Nur solche Fragen, an denen der Vermieter ein berechtigtes Interesse hat, müssen wahrheitsgemäß beantwortet werden, also Fragen nach Einkommen und Arbeitsplatz. Und danach, wer mit in die Wohnung einziehen soll. *Ob Sie schwanger sind, Ihr Partner Ausländer ist, ob irgendwelche Vorstrafen vorliegen, welche Musik Sie hören, ob Sie rauchen oder wie Sie sich die ideale Einrichtung vorstellen – all das geht den Vermieter gar nichts an.* De jure dürfen Sie hier schwindeln, ausnahmsweise. → 002.04 Vermieter beeindrucken

002.06

Angemessene Preise

Verglichen mit anderen Ländern Europas fallen in Deutschland Mieten und Immobilienpreise eher gering aus: Der Prozentsatz des Einkommens, den Menschen fürs Wohnen ausgeben, ist niedriger als etwa in Großbritannien, Frankreich, Italien oder der Schweiz. In einigen besonders beliebten Ecken Deutschlands allerdings sind die Preise dennoch gepfeffert, man kann es nicht anders sagen; die Beispiele unten zeigen es. Wenn Sie wissen wollen, ob eine Wohnung, die Sie in Betracht ziehen, preiswert ist oder nicht, besorgen Sie sich einen amtlichen Mietspiegel bzw. den Preisindex für Ihre Region.[1]

HAMBURG:

Rund um die Alster stehen die schönsten, aber auch teuersten Häuser: In Bestlagen zahlt man 7500 bis 12.000 Euro/qm (Kauf) oder 18 bis 25 Euro/qm (Miete). In den Lagen, die Makler als „gut" bezeichnen (etwa in Eimsbüttel), kosten Wohnungen 2700 bis 2900 Euro/qm (Kauf) oder 9 bis 11 Euro/qm (Miete). Für Villen zahlt man in Hamburg locker zwischen 500.000 und 8.000.000 Euro.

MÜNCHEN:

Die Stadt ist nicht eben für Immobilien-Schnäppchen bekannt. Die Preisspanne für Villen etwa im bevorzugten Münchner Süden liegt zwischen 750.000 und 7.000.000 Euro. Ansonsten gelten die folgenden Quadratmeterpreise: Top-Lage 6000 bis 6500 Euro (Kauf) und 16 bis 17 Euro (Miete). Gute Lage 3250 bis 4500 Euro (Kauf) und 12 bis 14 Euro (Miete).

STUTTGART:

Wohnungen kosten je nach Lage und Zustand zwischen 1800 und 6000 Euro/qm (Miete: 5 bis 17 Euro/qm), Einfamilienhäuser und Villen gibt es zu Preisen zwischen 300.000 und 3.000.000 Euro. Bauland ist hier knapp, die Nachfrage eher steigend.

KÖLN:

In der Stadt am Rhein kosten Einfamilienhäuser mindestens 500.000 Euro (mittlere Lage), Villen bis zu 5.000.000 Euro. Eigentumswohnungen gibt es in mittleren Lagen zu 2000 Euro/qm, man kann aber auch 5500 Euro/qm zahlen (Mietwohnungen: 7 bis 22 Euro/qm).

BERLIN:

Die Hauptstadt ist groß, und die Immobilien- und Mietpreise in den einzelnen Vierteln sind sehr unterschiedlich. Generell liegen die Kosten hier jedoch unter dem Bundesschnitt. Wohnungen kosten zwischen 1300 Euro/qm (mittlere Lage, etwa in Friedrichshain, Prenzlauer Berg) und 3500 Euro/qm (sehr gute Lage, Mitte). Gemietet muss man für dasselbe zwischen 5 und 12 Euro/qm rechnen.

1 Derlei finden Sie im Internet. Auch Banken, Makler und Verbände haben entsprechende Informationen parat.

Rechts: Blümchen hinterm eigenen Haus? Der Preisindex verrät, was das in Ihrer Gegend kostet.

Rechts: Einen amtlichen Mietvertrag gibt es nicht. Die meisten Vermieter greifen auf Formularmietverträge zurück, in denen die Rechte der Mieter vielfach beschnitten werden. Vorsicht: Längst nicht alle Klauseln sind hier wirksam. Was Sie vor dem Unterschreiben beachten sollten, lesen Sie jeweils im Kasten. Und immer erwähnt sein muss natürlich, um welche Wohnung es geht, wie hoch die Miete ist und wann das Mietverhältnis beginnen soll. → 009.01 Was heißt eigentlich „besenrein" – und was sind „Schönheitsreparaturen"?

Einen Mietvertrag unterschreiben

In einem Mietvertrag muss mindestens stehen, wer die Vertragsparteien sind.

genaue Bezeichnung des Vermieters (Name, Anschrift)	
genaue Bezeichnung des/der Mieter/s (Name, Anschrift)	

Vor der Unterschrift unter den neuen Mietvertrag sollten Sie vor allem diese Fragen stellen und sich im Zweifel hierzu auch beraten lassen:

1) Wie hoch ist die Miete tatsächlich?

> Nebenkosten und Heizkostenvorauszahlungen kommen regelmäßig zur Miete hinzu; ggf. auch:
> ☐ Fahrstuhl, ☐ Garten, ☐ Hausmeister, ☐ Schwimmbad.

2) Sind die Vorauszahlungen für Nebenkosten realistisch?

> ☐ Sind die Nebenkosten zu niedrig veranschlagt?
> Dann gibt es hohe Nachforderungen. Lassen Sie sich die Abrechnungen des Vormieters zeigen.

3) Wie ist der Verteilerschlüssel?

> ☐ Verbrauchsabhängiger Heizkostenanteil?
> ☐ Verbrauchsunabhängiger Heizkostenanteil?

4) Von wann bis wann wird geheizt? Reicht die Heizleistung der Anlage auch in einem strengen Winter aus? Fragen Sie am besten Ihre neuen Nachbarn oder Ihre Vormieter.

5) Gibt es für das Gebäude einen bedarfsorientierten Energieausweis? Das wäre von Vorteil.

6) Soll ein Kündigungsausschluss oder -verzicht vereinbart werden? Sie sollten, wenn Sie können, besser darauf verzichten. Holen Sie juristischen Rat ein!

7) Will der Vermieter einen Zeitmietvertrag abschließen? Das ist nur noch in so genannter qualifizierter Form möglich.

> Steht im Mietvertrag, dass der Vermieter
> ☐ die Wohnung später selbst nutzen, ☐ das Haus abreißen
> ☐ oder die Wohnung umbauen will?
> Vorsicht: Dann genießen Sie keinen Kündigungsschutz!

8) Enthält der Vertrag eine Nachmieterklausel? Das hieße, dass Sie beim Auszug einen Nachmieter stellen dürfen.

9) Ist demnächst mit einer Mieterhöhung zu rechnen oder ist diese sogar schon mit Vertrag festgelegt?

> Finden sich in Ihrem Vertrag Worte wie
> ☐ Staffelmietvertrag ☐ oder Indexmiete?
> Dann stimmen Sie einer Mieterhöhung mit Unterzeichnung des Vertrages schon zu!

10) Sind Modernisierungsmaßnahmen geplant? Vorsicht: Manches, etwa die Wärmedämmung, berechtigt zur Mieterhöhung.

– Fortsetzung siehe Rückseite –

Blatt 2 von „Einen Mietvertrag unterschreiben“	Vermieter:
	Mieter:

11) Hat die Wohnung irgendwelche Schäden?

☐ ja:
Alles notieren und fotografieren, am besten ein Wohnungsübergabeprotokoll anfertigen. So behalten Sie sich diesbezüglich Ihre Rechte vor.

12) Ist die Wohnfläche festgelegt? Dann können Sie später eine Mietminderung geltend machen, wenn die Wohnung mehr als zehn Prozent kleiner ist als angegeben.
13) Ist Tierhaltung erlaubt?
14) Was sagt der Mietvertrag zu Klein- und Schönheitsreparaturen?
15) Wird eine Mietkaution verlangt?

Zahlen Sie diese Kaution
☐ in bar? Dann sollten Sie sich dies auf jeden Fall quittieren lassen.
☐ per Überweisung? Das ist besser. Bitte auf ein extra Kautionskonto!

16) Was sagt die Hausordnung zu:

☐ Ruhezeiten, ☐ Treppenhaus, ☐ Kellerreinigung, ☐ Schneefegen, ☐ Speicherreinigung?

17) Falls sie mit gemietet werden, sollten Nebenräume auch im Mietvertrag mit aufgeführt sein. Etwa:

☐ Garage bzw. Stellplatz, ☐ Speicher- bzw. Kellerräume.

18) Sollen Einrichtungsgegenstände oder Einbauten vom Vormieter übernommen werden?

☐ ja und zwar: ____________________
Neben der Frage des Preises ist zu klären, wer beim Auszug für die Beseitigung aufkommt, die der Vermieter grundsätzlich von Ihnen verlangen kann.

____
(Ort/Datum)

____________________ ____________________
(Vermieter) (Mieter)

Achtung: Es gibt bei Mietverträgen kein gesetzliches Rücktrittsrecht. Haben beide Vertragsseiten unterschrieb[en,] können Sie es sich nicht noch einmal anders überlegen. Ganz ungeachtet dessen, ob Sie schon eingezogen s[ind] oder nicht.

Nie die Katze im Sack: Schauen Sie noch genauer hin, wenn Sie eine Immobilie kaufen.

002.07

Eine Wohnung kaufen

Mit Günter Grass könnte man hier sagen: ein weites Feld. Dies sind sehr *zentrale Fragen:*

1.) Wie steht es um den Wohnwert: Was erhöht, was mindert ihn (etwa Lage, Ausstattung, Infrastruktur oder der geplante Bau eines Großflughafens gleich nebenan)?
2.) Wie ist die Bausubstanz? Ist das Haus, die Wohnung klimatechnisch bzw. energetisch auf modernstem Stand?
3.) Im Falle einer Eigentümergemeinschaft: Gibt es Rücklagen? Was ist mit Sondernutzungsrechten, mit Teilungserklärungen?

Einen Teil der Ausstattung übernehmen und weitergeben 002.08

Viele Engländer, nur so zum Beispiel, wohnen recht gern „furnished". In Deutschland hat möbliertes Wohnen den Hautgout von Ledigenwohnheimen; diese Zeiten sind vorbei. *Aber schauen Sie doch, ob es ein paar Dinge gibt, mit denen Sie nicht umziehen müssen.* Geben Sie Ihre Wasch- oder Spülmaschine und den Kühlschrank an Ihren Nachfolger weiter, übernehmen Sie dergleichen von den Bewohnern Ihrer neuen Bleibe. Manchmal hilft dies allen – und auch Geräte halten länger, wenn Sie nicht zu oft durch Treppenhäuser poltern. Vielleicht gibt es auch andere Sachen, die zu fairem Preis Besitzer statt Wohnung wechseln könnten: Kellerregale beispielsweise, Gartenbänke und -schläuche, Fahrradaufhängungen in der Garage, ein aufs Treppenhaus zugeschnittener Läufer, unifarbene Vorhänge oder Lampen, die schlicht sind und für eine spezielle Raumsituation perfekt, die aber anderswo kaum passen? → 004.11 Wasch- und Spülmaschine abmontieren

Fürs Wohnen relevante Maße im internationalen Vergleich 002.09

Ein Dutzend Zoll sind ein Fuß (foot), und drei Fuß sind ein Yard: Die Engländer und viele, die sprechen wie sie, messen heute noch in Zoll, der bei ihnen Inch heißt. Ein Yard ist weniger als ein Meter: 91,44 Zentimeter. Dies zu wissen hilft mancherorts beim Suchen einer neuen Wohnung und beim Möbelkauf.

Die Japaner messen Zimmer in Tatami. Tatami sind Matten aus Reisstroh. Sie bilden den Bodenbelag in traditionellen Häusern (Washitsu) und die Unterlage für den Futon, der nachts darauf ausgerollt wird. Wie groß ein Tatami ist, ist leider regional unterschiedlich. In Kyoto sind es 95,5 x 191 Zentimeter, in Tokio misst ein Tatami nur 88 x 176 Zentimeter. Normalerweise aber rechnet man mit 1,64 Quadratmetern. Wird Ihnen also ein sechs Tatami großes Zimmer angeboten, so ist das zwar japanischer Schnitt, aber nur etwa zehn Quadratmeter. Als Europäer lieber weitersuchen! → 003.11 Eine Wohnung vermessen und Kosten senken

LÄNGENMASSE:	*1 inch = 2,540 cm*	FLÄCHENMASSE:	*1 sq. inch = 6,450 cm²*
	1 foot = 30,500 cm		*1 sq. foot = 0,093 m²*
	1 yard = 0,914 m		*1 sq. yard = 0,836 m²*
			1 tatami = 1,64 m²

— 003 —

DIE NEUE WOHNUNG RENOVIEREN & PLANEN

003.01

Was in der neuen Wohnung getan werden muss…

Man braucht wirklich nicht lange nach schlimmen Beispielen zu suchen, wahrscheinlich hat man eines in der unmittelbaren Nachbarschaft. Und dort, wo marode Altbauten nach der deutschen Wende straßenzugweise saniert wurden, findet man solche Häuser gleich tausendfach, und bei jedem einzelnen muss man sich am Tisch festhalten, um nicht darunter zu rutschen und dort laut zu weinen: Alles kaputt renoviert mit Kunststofffenstern, miserablem Laminat, mit abgehängten Decken, überklebten Terrazzo-Böden. Mit Fensterbrettern, die wie Marmor aussehen wollen, Fußleisten von der Rolle, Eckbadewannen und diagonal verlegten Fliesen dort, wo einst ein etwas schadhaftes, doch schönes Mosaik gelegen hat oder wenigstens ein paar alte Dielen.

Tipp: Machen Sie nicht alles neu. Es gibt Dinge, die sehen mit Patina besser aus. Hat man gerade nicht das Geld, um richtig zu renovieren – mit schönen Materialien, mit Muße –, sollte man einfach alles hübsch sauber machen, mit Liebe einrichten und ansonsten lassen wie es ist. Natürlich müssen Teppiche mit reicher Fleckenlandschaft raus. Doch mit ganz vielen Sachen ist es wie beim Wein: Was gut ist, wird mit den Jahren nur besser. Es lebt, erzählt Geschichten. Und es ist auch schön, wenn manche Dinge an ihren Orten bleiben. Nie wird ein glattes, gerades Kunststofftürblatt von Obi adäquater Ersatz sein können für eine Biedermeier-Tür, die immer schon da war, eine Tür mit Kassetten, Leisten, Füllungen. Nie.

→ 003.03 Welche Handwerker Sie wann wofür brauchen

003.02

…und was getan werden darf (0900 / 120 00 12 hilft)

Generell hat man es nicht so gern, wenn andere Menschen einem dies vorschreiben oder jenes verbieten. Doch leider müssen wir Ihnen sagen: Sie dürfen nicht alles in einer Wohnung, die Sie zwar gemietet haben, die Ihnen aber nicht gehört. Das betrifft etwa die Fliesen im Bad, eine Badewanne dort, wo bislang nur eine Dusche steht, eine Wand, die Sie rausreißen möchten oder vielleicht auch einen völlig neuen Fußbodenbelag.

Tipp: Bevor Sie viel Geld in die Hand nehmen und beginnen, Ihre neue Mietwohnung zu renovieren, sollten Sie mit Ihrem Vermieter sprechen und schriftlich festlegen, was geändert werden darf. Schließen Sie einen Vertrag darüber ab. Nur so haben Sie auch Chancen auf eine Entschädigung für Ihre Modernisierungsmaßnahmen, wenn Sie irgendwann mal wieder ausziehen.

Wenn Sie sich erst schlaumachen wollen, bevor Sie mit dem Haus- oder Wohnungseigentümer sprechen: Der Deutsche Mieterbund hat eine Telefonnummer eingerichtet, unter der Sie Experten für das Erlaubte und Verbotene erreichen, fast rund um die Uhr. Dies ist die 0900 / 120 00 12[2].

2 Bei Drucklegung kostete ein Anruf zwei Euro pro Minute aus dem deutschen Festnetz.

Rechts: Widerstehen Sie der Versuchung, die Wohnung einer Komplettrenovierung zu unterziehen.

THOREAU
BORIS VIAN
ENGLISH LITERATURE

003.03

Welche Handwerker Sie wann wofür brauchen

Vielleicht ziehen Sie in eine Wohnung, in der 20 Jahre lang nichts gemacht wurde oder die so aussieht. Dann können Sie ein paar Helfer brauchen. Man muss von Fall zu Fall genau hinsehen, doch als „naheliegend“ empfiehlt die Handwerkskammer Berlin folgende Reihenfolge:

1. *Maurer* (falls etwa eine Wand trockengelegt werden muss),
2. *Estrichleger* (falls der Unterboden nicht in Ordnung ist; Bodenleger fragen!),
3. *Elektriker* (falls Leitungen unter Putz gelegt werden sollen),
4. *Installateur und Heizungsbauer* (den nennt man umgangssprachlich auch Klempner, was aber nicht ganz korrekt ist, denn eigentlich ist ein Klempner ein Spengler),
5. *Maler* (erst für Fenster und Türen, dann für die Wände),
6. *Fliesenleger* (ggf. für neue Fliesen Einverständnis des Vermieters geben lassen, das erspart Ärger beim Auszug),
7. *nochmal Installateur und Heizungsbauer* (nun für die Objekte, also Waschbecken, Badewanne, WC, Bidet),
8. *Bodenleger* (für Teppiche oder Parkett),
9. *Raumausstatter.*

Tipp: Wem das zu viel ist, der kann auch einen Bau- und Ausbaufachbetrieb fragen. Dieser hat verschiedene Fachleute unter einem Dach und koordiniert alle Arbeiten selbst. → 009.02 Ruck-zuck eine Fliese austauschen, → 003.04 Verwandte mit handwerklicher Vorbildung

003.04

Verwandte mit handwerklicher Vorbildung

In südlicheren Ländern – auch südlicheren Bundesländern – bauen noch heute Brüder, Cousins, Onkel, Schwager und Schwippschwager mit am Häusle oder Haus, während die weibliche Sippschaft für Verpflegung sorgt und Vorhänge näht, eben wie eh und je. „Anders lässt sich die Sache doch gar nicht finanzieren“, heißt es da.

Ein Umzug ist, kann man sagen, ein kleiner Bau. Oft müssen Decken über Kopf geweißelt, Teppiche verlegt, Türklinken ausgetauscht werden. Es braucht jemanden, der die Heizungen schön lackieren und Regale an die Wand dübeln kann.

Tipp: Gerade wenn Sie zu den Menschen zählen, die mit beiden linken Händen nicht viel mehr anzufangen vermögen als die Return-Taste zu drücken, sollte es Ihnen egal sein, ob handwerklich begabte Verwandte ersten, zweiten oder dritten Grades sind. Blut ist dicker als Wasser, sagt man, und mitunter stimmt‘s. Völlig egal sollte es Ihnen auch sein, ob Familienmitglieder Ihnen auf einer Konfirmation mal blöd kamen: Seien Sie nicht nachtragend, freuen Sie sich, dass jemand Ihr Linoleum zurechtschneidet, und nehmen Sie die Hilfe an. → 003.03 Welche Handwerker Sie wann wofür brauchen

Selber machen? Manchmal geht's. Andere Dinge können andere besser.

DIE SIEBEN GRÖSSTEN GESUNDHEITSRISIKEN BEIM UMZIEHEN:

- **Bandscheibenvorfälle,**
- **Verstauchungen und Knochenbrüche,**
- **Prellungen und Quetschungen mit Ödem,**
- **Sehnenscheidenentzündung,**
- **Muskelzerrung, Muskelfaserriss, Muskelriss,**
- **Blutblasen,**
- **dicke Erkältungen.**

003.05

Kein Beinbruch: Blutblasen

Wenn eine Kiste auf den Zeh fällt oder ein Hammer auf den Daumen, kann es schon mal eine geben. Eine Blutblase jedoch ist kein Beinbruch, zum Glück, sondern in erster Linie ein kosmetisches Problem. Schmerzhaft sind Blutblasen zumeist nur, wenn sie unter dem Nagel liegen. David Schleiermacher, gut gelaunter Hausarzt in Berlin-Friedrichshain, rät zu beherztem Handeln: *„Machen Sie über der Flamme eines Feuerzeuges – nicht einer Kerze, denn die rußt – eine Stecknadel richtig heiß. Setzen Sie diese dann mit der Spitze auf den Nagel – Sie werden sehen, das geht durch wie Butter. Ganz langsam durchpieksen!“* Ergebnis: Blut fließt ab, Druck wird reduziert, der Schmerz lässt nach. *„Machen Sie das Loch nicht zu klein, dann geht es besser.“*

Der Arzt rät weiter: „Damit keine Bakterien eindringen können, sollten Sie etwas Desinfektionsmittel drauftupfen und ein Pflaster über den Nagel kleben, fertig.“ Lassen Sie das Ganze nun einfach in Ruhe. Ist nur Haut über der Blase, kein Nagel, brauchen Sie eigentlich gar nichts zu tun: Dann ist bereits alles steril verpackt und bleibt am besten so. Nur wenn die Blase sehr groß ist, sich schon etwas entzündet hat oder schmerzt, sollten Sie vielleicht doch zum Arzt.

003.06

Erste Hilfe für hässliche Bäder

Bevor Sie jetzt loslegen und für viel Geld Fliesen kaufen und einen Fachmann beauftragen (was Sie alles durchaus machen können, wenn der Vermieter es gestattet und Sie vorhaben, sehr lange wohnen zu bleiben): Überlegen Sie, ob Sie Ihrem neuen Bad nicht eine größere OP ersparen können. Hier ein paar kleine Profi-Tricks von Chris Pursche, Architektin und Raumgestalterin:

A. Geschickt mit Licht arbeiten. Am besten nur bei Kerzenlicht baden und Zähne putzen.
B. Schöne Badeessenzen, leckere Düfte, tolle Flakons und Tiegel verwenden: Luxus hilft.
C. Gegensätze schaffen: für etwas sorgen, was die Blicke auf sich zieht (und von den hässlichen Fliesen ablenkt). Sind die Objekte – also Wanne, Waschbecken, Toilette und Bidet – allesamt etwa in potthässlichem Grau, streichen Sie den Rest rosa. Sind die Fliesen furchtbar, lenken Sie durch bemalte Wände und Decken ab. Oder lassen Sie Ihre Kinder mit Fliesenmalstiften alles bekritzeln, je mehr, desto besser. Ironisieren Sie einfach die Hässlichkeit, nehmen Sie's mit Humor. Das geht etwa mit Stiften der Sorte „Porcelan-Painter“ von Marabu: Farbe auf Wasserbasis, hochglänzend, spülmaschinenfest nach dem Einbrennen, sonst aber abwaschbar.

Klar: Alles nur zweitbeste Lösungen, aber sie sparen Geld – und das mitunter viel.

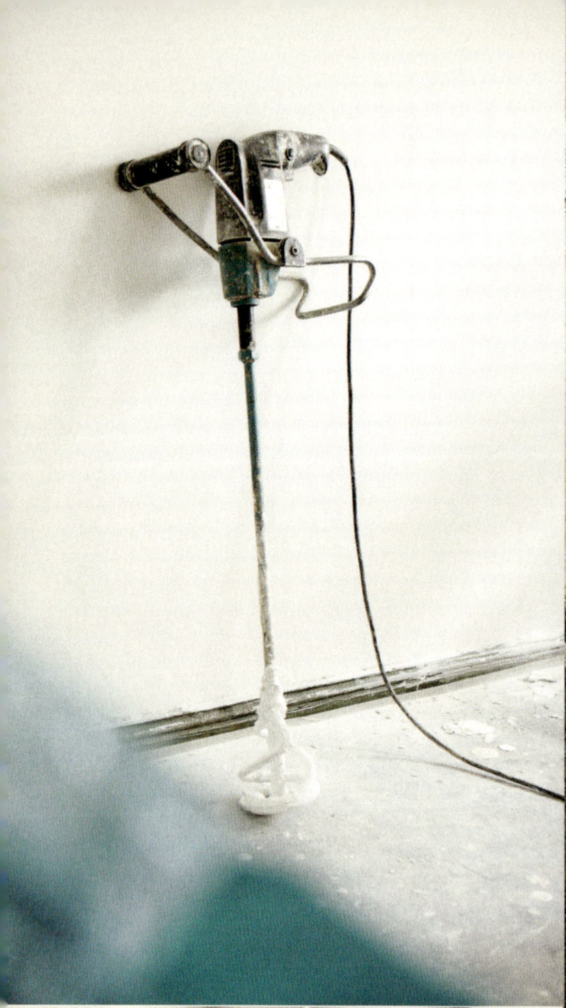

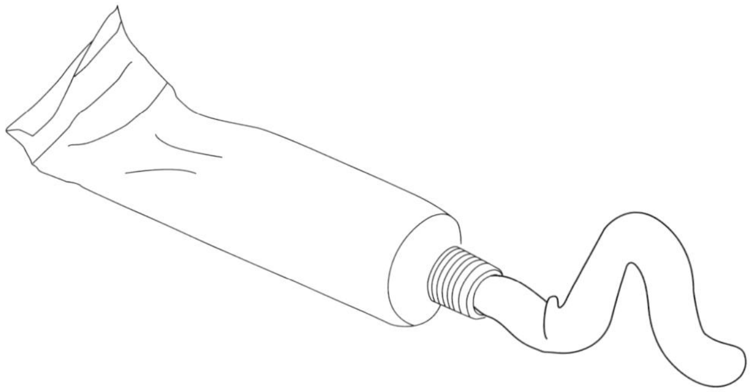

003.07

Bohrlöcher kaschieren mit und ohne Zahnpasta

Unkompliziert: Papiertaschentücher hineinfummeln, etwas Gips und ein kleines bisschen Weiß darüber, fertig. Ganz ähnlich: Mit einem Holzstäbchen Toilettenpapier fest in das Loch stopfen, sodass nichts übersteht. Dann etwas Deckweiß aus dem Farbkasten mit dem Finger drauftupfen. Nicht reiben! Einen Kaugummi reinstecken. Das geht oft auch bei Wänden, die nicht weiß sind, wenn man den richtigen Kaugummi wählt: rot – Erdbeergeschmack, grün – Apfel, braun – Cola. Mit Acryl ausfüllen und mit einem nassen Pinsel abtupfen. Mit etwas weißem Silikon auffüllen. Ein Bild drüberhängen. Farblich passende Zahnpasta reinschmieren. Sehr korrekt: Die Wand um das Loch herum ganz exakt und sauber mit Abdeckband zukleben. Auch bei kleinen Löchern. Dann mit Gips ausfüllen, der beim Trocknen schön weiß wird. Dank Klebeband verschmiert nichts. Klebeband vorsichtig abziehen.

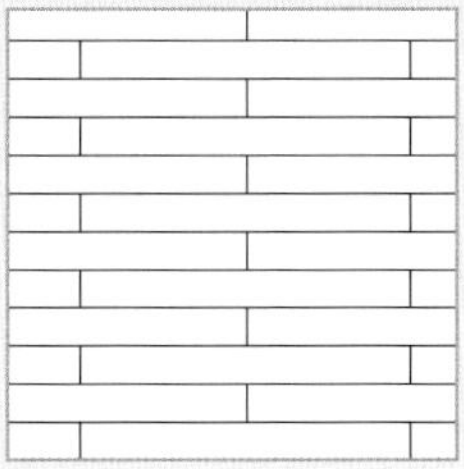

Landhausdiele

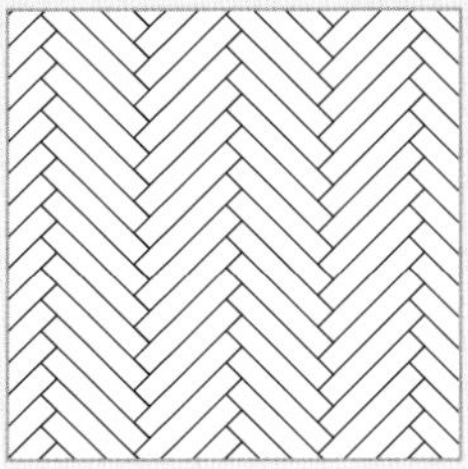

Fischgrat

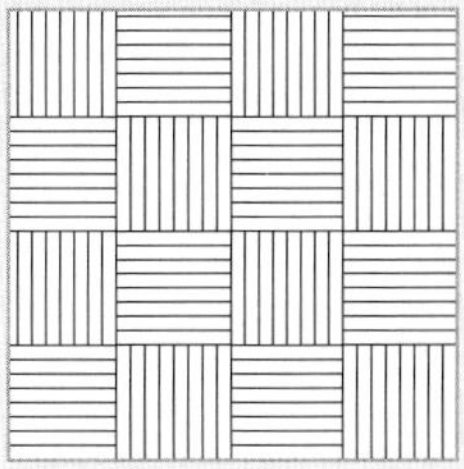

Würfelmuster

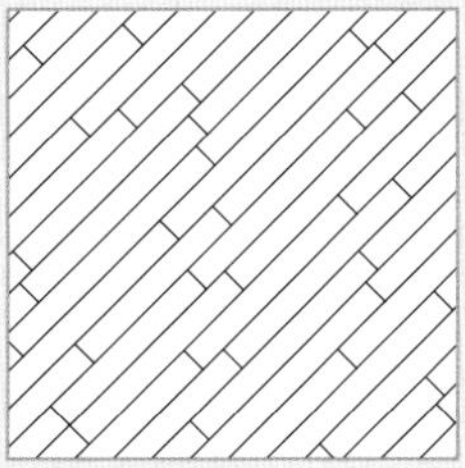

Schiffsboden

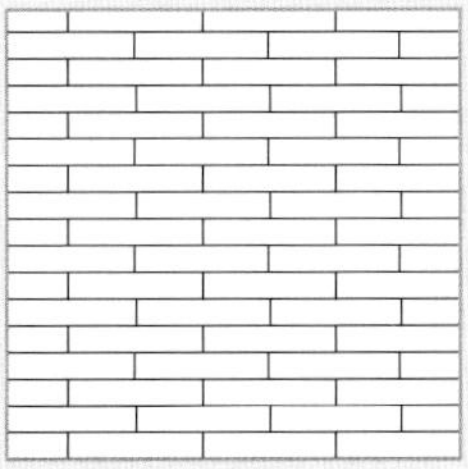

Regelmäßiger Verband

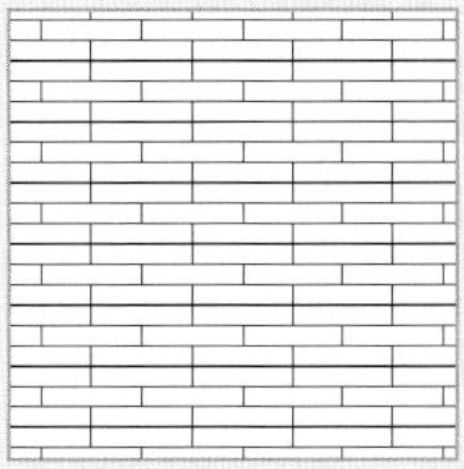

Englischer Verband mit Designprofil

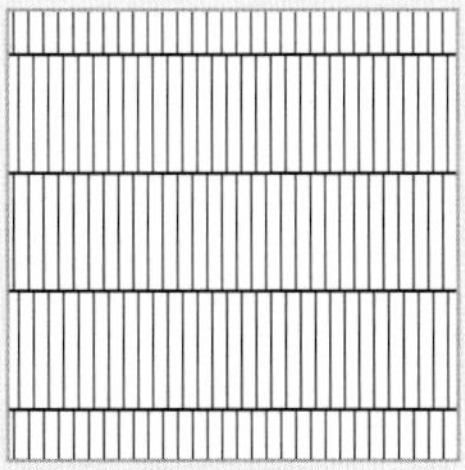

Hochkantlamellen

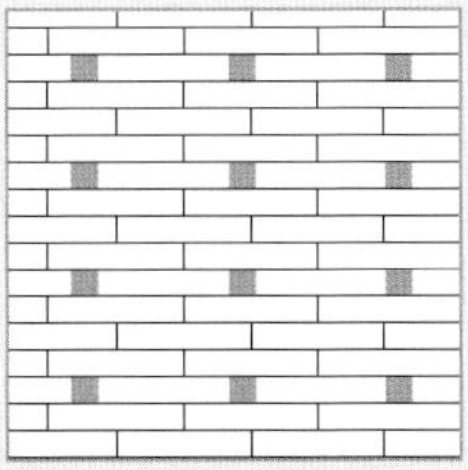

Englischer Verband mit Dekorwürfel

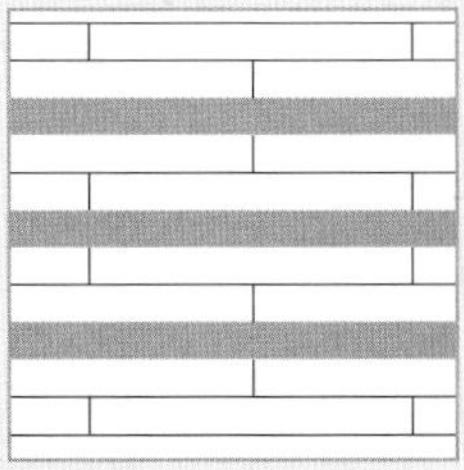

Landhausdiele, regelmäßiger Verband, zweifarbig

Tausend Möglichkeiten, ein Parkett zu verlegen. Davon eine kleine Auswahl.

003.08

Parkett!

Dass man Parkett schick findet, ist nachvollziehbar. Ob es sich rentiert für eine Mietwohnung? Und ob die Zeit bis zum Einzug dafür noch reicht?

Wie immer im Leben kommt es darauf an: Wie ist der Unterboden? Müssen erst Platten als Basis verlegt, muss vielleicht ein Estrich gegossen werden? Welche Verlegeart wünschen Sie, welches Muster finden Sie schön? Etwas mit Intarsien und Fries drumherum, Fischgrat, einen Schiffsboden? Je nachdem kostet und dauert es.

Fabian Lehmann, geschäftsführender Gesellschafter von Doctor Wood, nennt exemplarisch einige Fakten:

ZEIT:

- Estrich als Unterboden gießen: kalkulieren Sie mit einem Minimum von ein bis zwei Wochen Trockenzeit, je nach Dicke.
- Fertigparkett (also längere Bretter, schon fertig lackiert oder geölt): Der Verleger schafft etwa 30 bis 40 qm/Tag.
- Fischgrat-Parkett: maximal 15 qm/Tag.
- Schiffsboden (alle Bretter in eine Richtung, wenig Verschnitt): Rechnen Sie mit etwa 20 bis 30 qm/Tag, die ein Verleger schafft.

Je exotischer Ihre Parketttträume sind, desto eher müssen Sie auch Lieferzeiten fürs Holz einkalkulieren. Standardhölzer sind in der Regel vorrätig. Fürs Schleifen und Versiegeln rechnen Sie mit 14 Tagen. Ob dabei Öl, Wachs oder Holz verwendet wird, ist Geschmackssache, bei Parkett wie Dielen: Es gibt für alles gute Gründe. Öl und Wachs (und auch Chemielacke) dringen allerdings tiefer ins Holz ein als Lacke auf Wasserbasis. Das macht den Farbton schöner; der Fachmann nennt dies die „höhere Anfeuerung“ des Holzes. Lacke auf Wasserbasis, sagt auch Herr Lehmann, ergäben meist „etwas Ikea-mäßige Dielen“, die aber wenig Pflege brauchen. *Über den Daumen gepeilt lässt sich sagen: Einen Monat vor dem Umzug sollten Sie das Parkett bestellen, spätestens.*

GELD:

Im Baumarkt beginnen die preiswertesten Lösungen bei 7 bis 8 Euro/qm: Fertigparkett nicht eben der besten Sorte („Schund“, sagt der Experte). Im „High-End-Bereich“ könne man „durchaus 600 bis 800 Euro/qm“ loswerden, doch der vernünftige Standard – Eiche Vollholz, 50 cm lang, 6 cm breit, 2,2 cm dick – liege bei 20 bis 25 Euro/qm. Dielen sind preiswerter, da gibt es Hübsches in Kiefer für 15 bis 16 Euro/qm.

003.09

Wann eine Wohnung oder ein Haus bezugsfertig ist

Chris Pursche sagt: „Offiziell würde ich sagen, alles muss fertig sein. Aber das ist gar nicht so einfach.“ Kürzlich ist die aus München stammende und nun in Berlin lebende Architektin selbst umgezogen, da war für sie *maßgeblich, dass die Toilette funktioniert.* „Alles andere kann ich gut ertragen“, meint die 40-Jährige und lacht. Sie findet die Zeit der Improvisation sehr reizvoll. Denn wenn noch nicht alles gestrichen und eingerichtet ist, sei noch vieles offen; eine Zeit großartiger Möglichkeiten. Für die Bauherrschaften allerdings, die Frau Pursche zu ihren Kunden zählt, ist dies ein anderes Thema. „Die sind meist fertig mit den Nerven, wenn sie auf der Baustelle leben müssen. Man muss sich schon gut überlegen, was man da selbst für ein Typ ist, bevor man zu früh umzieht“, sagt sie. „Und schauen Sie bitte immer, ob alles trocken ist!“ Es kommt natürlich vor, dass eine Wohnung vor dem Umzug gar nicht renoviert werden muss. Doch ansonsten gelte: Dass zum Umzugstag wirklich alles fertig sei, käme ganz, ganz selten vor. An sich nie. → 006.04 Einige Tage im Hotel überbrücken, → 010.02 Kisten zum Kunstwerk stapeln

Rechts: Außenanlagen, vor allem Gärten, werden erst nach dem Einzug hübsch. Das ist Tradition.

Neuer Teppich für die Puppenheimer? Ein halber Quadratmeter Verschnitt reicht für den Wohnbereich von Bären und Barbies lässig aus. Und für das Schlafzimmer des Hamsters.

003.10

Was man mit dem Verschnitt eines Fußbodenbelags noch anfangen kann

Was immer geht: Statten Sie mit den Resten von Teppich und Linoleum ein Puppenhaus aus. Und – so genau weiß man es nicht, aber es sei gestattet, dies anzunehmen – auch Hamster, Meerschweinchen, Mäuse freuen sich über ein frisches Zuhause (nur das Häuschen damit auslegen, nicht den ganzen Käfig, da braucht es Streu). Sie können Notizbücher mit Küchenbodenbelägen bekleben, Platzdeckchen zuschneiden und zum nächsten Weihnachtsfest verschenken oder aus dem Restteppich eine Matte für den Kofferraum Ihres Autos, die Kajüte Ihres Segelschiffes zurechtschnibbeln. Und wenn Sie sich großzügig verschnitten haben, reicht es vielleicht sogar für das nächstkleinere Zimmer.

Tipp: Entsorgen Sie Teppich-Verschnitt als Sperrmüll. Ein spezielles Teppich-Recycling gibt es leider noch nicht.

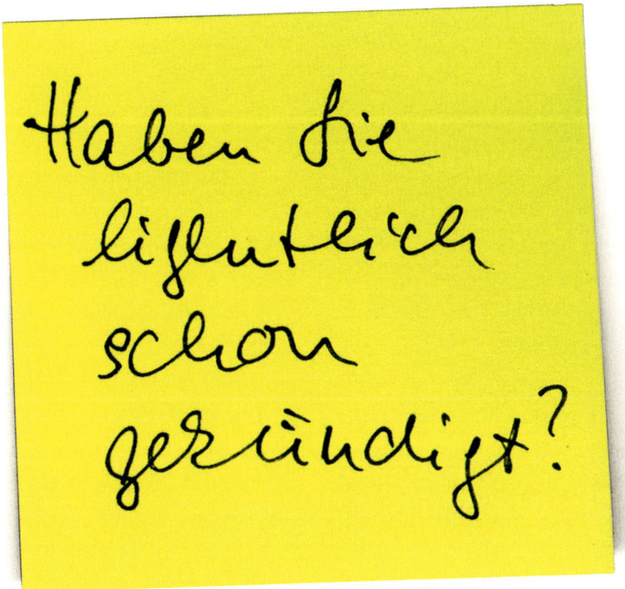

Wer eine Wohnung nicht verlassen muss, sondern will, muss rechtzeitig kündigen. Das Wie ist schnell beantwortet: Sie müssen schriftlich kündigen und Ihre Kündigung an alle Vermieter adressieren, sofern es mehrere gibt. Alle Mieter, die im Mietvertrag stehen, müssen unterschreiben. Schicken Sie‘s per Post, genauer: per Einschreiben. Ein Fax oder sonstige Kopien reichen nicht aus. Im Gegensatz zum Vermieter müssen Sie keinen Kündigungsgrund angeben, sondern nur die gesetzliche Kündigungsfrist einhalten. Diese beträgt mindestens drei Monate.

003.11

Eine Wohnung vermessen und Kosten senken

In Ihrem Mietvertrag steht, wie groß Ihre Wohnung ist. Doch nicht immer stimmen diese Angaben. Die Quadratmeterzahlen weichen dann etwas ab von dem, was ist, in der Regel nach oben. Rechnen Sie also damit, dass Ihre Wohnung ein wenig kleiner ist als im Mietvertrag steht. Haarspaltereien?

Mal angenommen, Sie zahlen 8 Euro pro Quadratmeter, und Ihre Wohnung hat statt der angeblichen 135 Quadratmeter nur 131, so zahlen Sie monatlich *4 x 8 Euro = 32 Euro* zu viel. Macht *12 x 32 = 384 Euro* pro Jahr. Macht in zehn Jahren *3840 Euro.* Netto!

Stellen Sie sich vor, wie lange Sie dafür arbeiten müssen. Sie könnten sich von diesem Geld was Schönes kaufen. Etwa ein schickes neues Sofa für die nächste Wohnung. Und für ein schönes Sofa lohnt es sich schon, mal auf die Knie zu gehen und nachzumessen. Architekten haben diese *Lasermessgeräte.* Damit geht das ganz flott. Haben Sie so etwas nicht zur Verfügung, brauchen Sie *Maßband oder Zollstock, Zettel und Stift.*

Die Regeln sind einfach. Die so genannte Wohnflächenverordnung sagt, wie es geht. Etwa bei Schrägen: Alles unter einem Meter Höhe zählt gar nicht; diese Flächen also können Sie getrost unter den Tisch fallen lassen. Zwischen einem und zwei Metern Raumhöhe zählt die Bodenfläche halb, erst ab zwei Metern Deckenhöhe müssen Sie die Quadratmeter darunter normal rechnen. Auch dort, wo Sie im Zweifel frieren müssen, auf Loggia, Dachgarten, Terrasse, Balkon und auch im Wintergarten, wird nicht voll gerechnet: Meist (und maximal) zählen diese Flächen halb. Ein Balkon, der auf eine achtspurige Ausfallstraße blickt, zählt gar nicht, und können Sie zumindest die Wäsche dort trocknen, ohne dass diese schwarz wird, rechnen Sie diese Quadratmeter zu einem Viertel dazu. Nutzräume wie Keller, Waschküche, Garage zählen nie.

Gemessen wird nun einfach, wie groß die Abstände zwischen den nackten Wänden sind: Fußbodenleisten, Heizkörper, Öfen können Sie ignorieren. Nicht so Schornsteine oder Mauervorsprünge oder Stützen und Pfeiler, die mitten im Raum stehen und mehr als 0,10 Quadratmeter Grundfläche haben. Darunter zählt nichts: Hat so eine Stütze also 0,20 x 0,30 m = 0,06 qm, dürfen sie diesen sechszigstel Quadratmeter nicht von der Gesamtfläche abziehen. Mitmessen müssen Sie auch Erker, Fenster- und Wandnischen oder Wandschränke, vorausgesetzt, diese sind tiefer als 0,13 m und haben eine Grundfläche von mindestens einem halben Quadratmeter.

Tipp: Dürfen Sie nun die Miete mindern? Wenn Sie glauben, die richtige Fläche errechnet und festgestellt zu haben, dass die Zahlen im Mietvertrag nicht stimmen, machen Sie langsam: Die Miete mindern dürfen Sie jetzt nur, wenn die wirkliche Quadratmeterzahl mehr als zehn Prozent von dem abweicht, was im Vertrag steht. Ansonsten sprechen Sie mit dem Vermieter und versuchen Sie sich in Diplomatie! Wenn Sie nicht mieten, sondern kaufen, versuchen Sie zu verhandeln. Ihre Position ist gut. → 002.09 Fürs Wohnen relevante Maße im internationalen Vergleich

Rechts: Ist die neue Wohnung wirklich so groß? Unter zwei Metern Höhe zählt die Fläche nur halb.

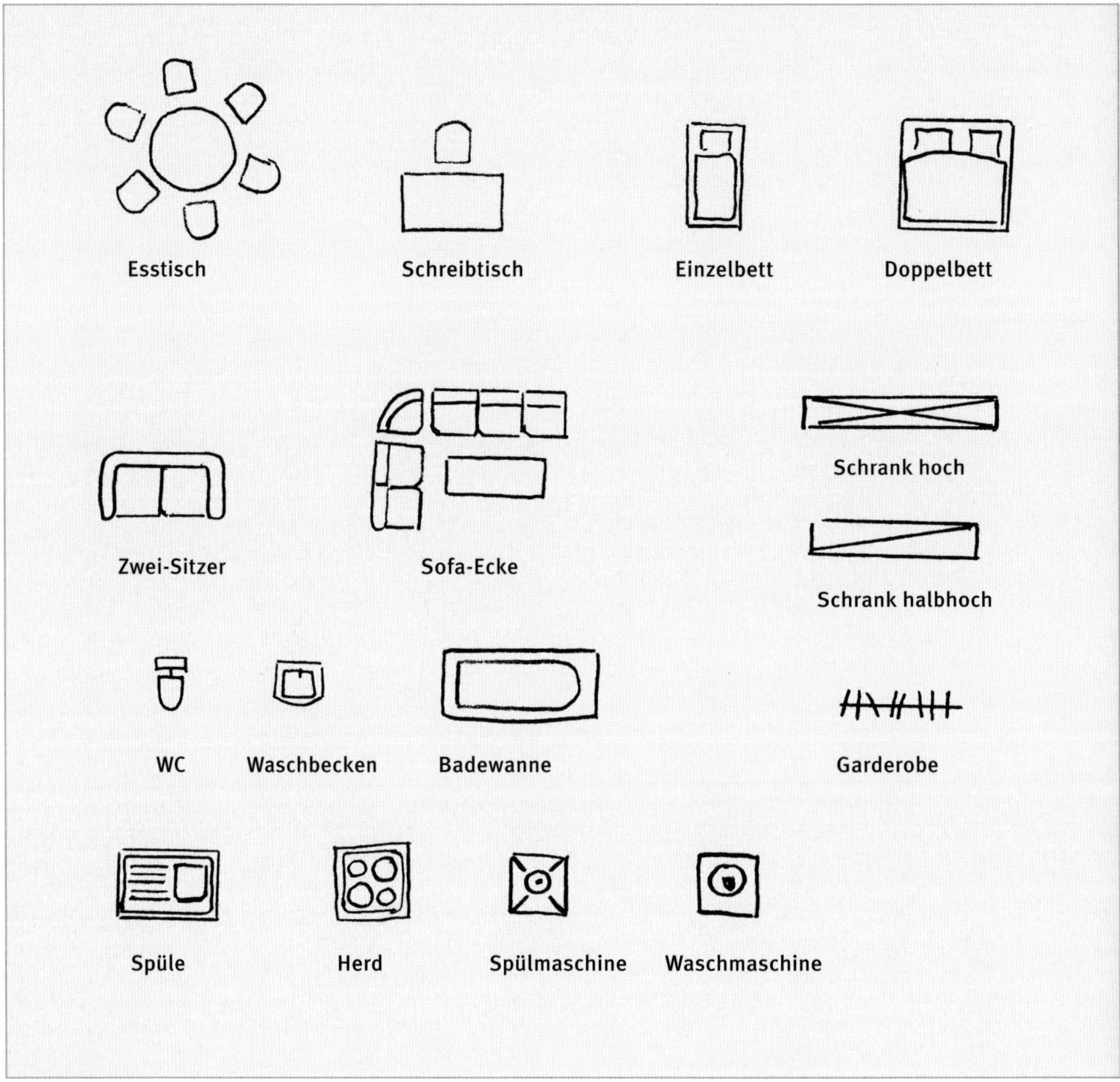

003.12

Einen Grundriss mit Möbeln zeichnen

Zum Umziehen gehört das Planen, und ein Grundriss ist ein Plan. Für ganz exakte Pläne finden Sie Computerprogramme kostenlos im Netz. Wenn Sie sich jedoch abends im Restaurant beim Wein Gedanken machen wollen: *Wo kommt was hin?*, brauchen Sie nur Stift und Papier, am besten gleich die Seite rechts. Zeichnen Sie die Wohnung in der Draufsicht, also von oben – als „mental map" aus der Erinnerung, oder entsprechend der Maße. Bei Karopapier nehmen Sie für einen Meter zwei oder auch vier Kästchen. Die Wände werden Striche. Zeichnen Sie Türen und Fenster ein. Ein Stuhl ist von oben ein gerundetes Viereck, Schränke und Betten sind Rechtecke.

→ 003.11 Eine Wohnung vermessen und Kosten senken

003.13

Einbauküchen machen alt

Beizeiten nachdenken müssen Sie über die Küche. Schick und praktisch sind natürlich Einbauküchen. Sie fungieren heute als Repräsentationsmöbel allererster Güte und haben als solche die Wohnzimmereinrichtung längst abgehängt. Für ein sehr schickes Modell, sozusagen eine High-End-Einbauküche, lohnt es sich jedoch schon fast, seinen Bausparvertrag aufzulösen: Sowas ist keine günstige Angelegenheit. Sind Ihre finanziellen Ressourcen in Zeiten des Wohnungswechsels aber ein wenig angeknabbert, stellen Sie diese Anschaffung doch einfach in Frage.

Kaufen Sie sich stattdessen einen guten Herd, den brauchen Sie vermutlich täglich, integrieren Sie diesen etwa in eine kleine Werkbank (so heißt ein Küchenklassiker von bulthaup, solche Edelstahlbänke jedoch bieten mittlerweile weitere Hersteller an).

Auch solche Dinge sind nicht billig, jedoch viel billiger als eine ganze Küche, und außerdem halten sie in der Regel ein Leben lang und können mit eigentlich allem, was Sie später kaufen, kombiniert werden. Den Rest der Küche improvisieren Sie: Zimmern Sie Regale anstelle von Unterschränken, nähen Sie lustige Vorhänge dafür, lassen Sie sich eine Arbeitsplatte aus Beton gießen. Vielleicht finden Sie auf Flohmärkten, in Abrisshäusern oder bei Ebay eine schöne alte Spüle. Stellen Sie Altes neben Selbstgebautes und neue Einzelteile. Investieren Sie ein bisschen in hübsche Küchenutensilien. Das Ergebnis ist mit großer Wahrscheinlichkeit charmanter als das 35.000-Euro-Modell aus dem Küchenstudio. Und es macht Sie jünger. → 003.14 Wichtige Möbel und ihre Lieferzeiten

Jung und schön: eine Küche, in der gelebt wird.

ROYAL

003.14
Wichtige Möbel und ihre Lieferzeiten

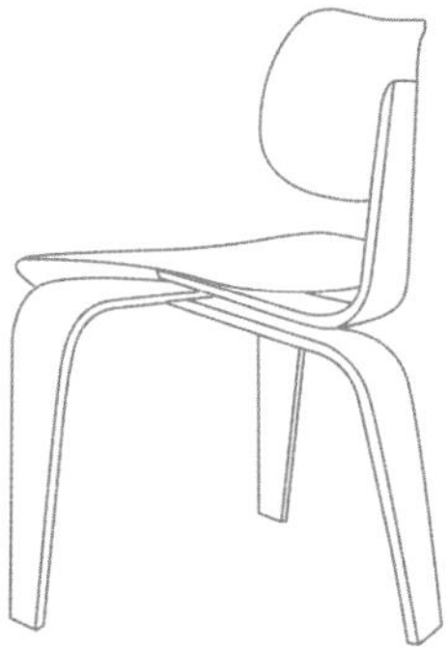

Wilde + Spieth: SE 42

WILDE + SPIETH

Stuhl SE 68/SU, **Design: Egon Eiermann** .... 5 bis 6 Wochen
Stuhl SE 42, **Design: Egon Eiermann**...................... 5 bis 6 Wochen
Tisch SWF, **Design: Herta Maria Witzemann** .... 5 bis 6 Wochen

NILS HOLGER MOORMANN

FNP-Regal, **Design: Axel Kufus** .... 2 bis 3 Wochen
Kant-Tisch, **Design: Patrick Frey, Markus Boge** .... 2 bis 3 Wochen
Multifunktionswand Erika: **Design: Storno** .... länger
(„denn mit der ist's oft schwierig", so Firmenchef Moormann)

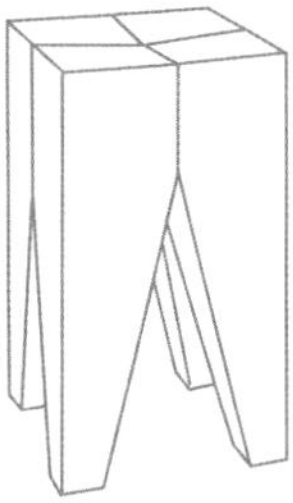

E 15: ST04

IKEA

Poäng Sessel, **Design: Noboru Nakamura**.................. sofort lieferbar
Regal Billy, **Design: Ikea of Sweden** .... sofort lieferbar
Sofa Klippan, **Design: Ikea of Sweden** sofort lieferbar

Vitra: Lounge Chair

BULTHAUP

bulthaup b3, **Design: bulthaup & Herbert Schultes** ...10 bis 14 Wochen
bulthaup b1, **Design: bulthaup** ....6 bis 10 Wochen
bulthaup KWB (Küchenwerkbank), **Design: bulthaup** unterschiedlich

E 15

Hocker ST04 („Backenzahn"), **Design: Philipp Mainzer** sofort lieferbar
Sofa SF03 Shiraz,
Design: Philipp Mainzer, Farah Ebrahmi 10 Wochen

Vitra: Plastic Chair/RAR

VITRA

Lounge Chair, Design: Charles & Ray Eames .... 6 Wochen
Plastic Chair/RAR, Design: Charles & Ray Eames .... 6 Wochen
Aluminium Chair, Design: Charles & Ray Eames .... 4 Wochen
Panton Chair, Design: Verner Panton .... 4 Wochen
Coffee Table, Design: Isamu Noguchi .... 4 Wochen

HÜLSTA

Schrank Spektrum .... 4 bis 6 Wochen
Vitrine Lilac .... eher etwas länger
(„die Lackierung dauert allein gut zwei Wochen", heißt es bei Hülsta)
Schranksystem Multi-Forma .... 4 bis 6 Wochen
(und je nach Ausstattung auch länger)

→ 011.05 Braucht man heute noch ein Wohnzimmer?, → 003.13 Einbauküchen machen alt

Ikea: Klippan

PUMA
Clarks
FARMAX
RUBINSTEIN
KARAJAN

003.15

Tapeten oder Farbe: Was kommt an die Wand?

Sie können streichen, tapezieren, mit Stoff bespannen. Letzteres macht man heute selten, deshalb fällt es hier unter den Tisch. Konzentrieren wir uns auf den Rest, und der geht so:

A. STREICHEN

Der Standpunkt, dass es nichts Schöneres gibt als eine weiß verputzte Wand, ist legitim. Wenn Sie sich auskennen, können Sie aber auch Farb-Experimente machen – seien Sie jedoch gewarnt: Auf großen Flächen wirkt Farbe stets ganz anders als auf dem Mini-Muster im Baumarkt. Wenn Sie sich schon die Arbeit machen, *nehmen Sie eine gute Farbqualität, auch wenn dies kostet:* bestimmt wird sie a. vom Anteil an hochwertigem Weißpigment, b. von hochwertigen Bindemitteln, c. von der Umweltverträglichkeit. Nichts falsch machen Sie etwa mit Farben auf Kasein-Basis (das klingt übrigens nicht nur nach Käse: Kasein ist das Milcheiweiß, das in dieser Farbe steckt). Kasein-Farben sorgen für ein besonders gutes Raumklima, sind feuchtigkeitsregulierend und atmungsaktiv.

Wenn Sie so weit sind, wischen Sie etwaigen Staub von den Wänden, klopfen Sie blätternde Farbe ab, gleichen Sie Risse aus. Kleben Sie nun alles sehr gut ab. Dann müssen Sie grundieren. Ruß und Nikotin, Fett, Wasser: Solche Flecken schlagen leider immer wieder durch, wenn Sie sie nicht dick mit Isolierfarbe überstreichen.

Der eigentliche Anstrich beginnt dann in den Ecken, an den Kanten: Streichen Sie an den Fußleisten, an Tür- und Fensterrahmen sowie die Flächen um Schalter und Einbauten. Dann kommt die Decke dran, damit nicht die fertigen Wände bespritzt werden. Rollen Sie alles mit gleichmäßigen, sich überlappenden Bahnen. Wichtig ist, dass Sie nicht viel kleckern; später Farbspritzer wegzukratzen, macht einfach wenig Spaß.

Links: Gekonnt eingesetzt geben Farben einer Wohnung Tiefe und Charakter.

1000	1001	1002	1004	1005
1006	1007	1011	1012	1013
1014	1015	1016	1017	1018
1019	1020	1021	1024	1027
1028	1032	2000	2001	2002
2003	2004	2008	3000	3002
3003	3004	3005	3007	3009
3011	3012	3013	3014	3015
3016	3017	3018	3022	3027
4001	4002	4003	4004	4005
4007	5000	5001	5002	5003
5004	5007	5008	5009	5010
5011	5012	5013	5014	5015
5018	5019	5020	5021	5022
6000	6001	6002	6003	6004
6005	6006	6007	6008	6009
6010	6011	6012	6013	6014
6015	6016	6017	6018	6019
6020	6021	6022	6025	6026
6027	6028	6029	7000	7001
7002	7003	7005	7006	7008
7009	7010	7011	7012	7013
7015	7016	7021	7022	7023
7024	7026	7030	7031	7032
7033	7034	7035	7036	7037
7038	7039	8000	8001	8003
8004	8007	8008	8011	8012
8014	8015	8016	8017	8019
8022	8023	8024	8025	9001
9002	9005	9010	9011	9018

Erst Decke, dann Wände: Alles mit gleichmäßigen Bahnen rollen. In Weiß – oder Sandgelb, Azurblau, Himbeerrot. Doch Vorsicht: Auf großen Flächen wirken Farben anders als etwa auf der Tabelle „RAL Classic“ oben.

B. TAPEZIEREN

Auch Tapeten sind wieder interessant. Vielleicht lassen Sie einfach eine Wand so, wie der Vormieter der Wohnung sie hatte. Manchmal kann es schön sein, wenn mit einer alten Tapete ein wenig von der Geschichte des Hauses bleibt. Oder Sie entscheiden sich für ein mutiges Muster von heute, mit dem Sie eine Seite des Raumes tapezieren? Vor allem, wenn nicht zu viel in einer Wohnung herumsteht, liegt und hängt, sollten Sie ernsthaft über diese Art der Wandverkleidung nachdenken, „weil", wie „Extratapete"-Besitzerin Kathrin Kreitmeyer aus Berlin es formuliert, „es neue und zeitgemäße Tapeten gibt, welche Ihrer neuen Wohnung das gewisse ‚Extra' verleihen". Die Expertin verrät: „Dank einer neuen Technik, welche es uns ermöglicht, auch kleine Auflagen zu drucken, müssen wir keine konsensfähigen Kollektionen entwerfen." Statt Baumarktware können Sie sich heute also auch eigene Entwürfe an die Wände kleben – technisch kein Problem.

Hochwertige Vliestapeten sind selbst für Laien sehr einfach und gut zu verarbeiten, ohne Verziehen beim Einkleistern. *„Man kann die Bahnen Stoß an Stoß kleben und somit Anschlüsse viel einfacher meistern als bei herkömmlichen Papiertapeten. Wenn man den empfohlenen Tapetenkleister für Vliestapeten verwendet, bekommt man unsere Tapeten auch wieder ganz einfach als Bahnen abgelöst", sagt Frau Kreitmeyer.* → 003.04 Verwandte mit handwerklicher Vorbildung, → 003.03 Welche Handwerker Sie wann wofür brauchen

Kimiko

Gil

Yasumi

Benita

Santa Maria

Tapeten-Top-10 bei Drucklegung:
1) Fototapete Kimiko,
2) Fototapete Gil,
3) Fototapete Yasumi,
4) Fototapete Benita,
5) Grafiktapete Santa Maria,
6) Grafiktapete Pedro,
7) Mustertapete Floretta,
8) Mustertapete Henry,
9) Panoramaborte Alpen,
10) Panoramaborte Naturkunde, Panoramaborte Berlin/Paris/LA

Links: Tapeten, sogar zum Umziehen – die Bahnen lassen sich ablösen. Hier Modell Luise.

003.16

Einen Raum größer / kleiner machen

Wenn Sie die Größe eines Raumes verändern wollen, geht dies ganz einfach mit der Wahl der perfekten Farbhelligkeit, denn mit Licht und Farbe können Sie optisch manipulieren: Kleine Räume lassen Sie durch helle Farbtöne weiter erscheinen. Großen Räumen nehmen Sie, indem Sie sie dunkler streichen, ein wenig von ihrer Weitläufigkeit.

003.17

Sich einen Kamin zulegen

Wer einen bollernden Kamin im Zimmer hat und in der Küche jemanden, der mit den Töpfen klappert, der braucht keinen Fernseher. Auf der Behaglichkeitsskala von eins bis zehn belegt ein Kamin oder ein Kaminofen ganz eindeutig Platz zehn. Oder zumindest 9,5, wenn einem beim Gedanken daran, dass Feuer feinstaubtechnisch nicht ganz unbedenklich ist, ungemütlich wird. In jedem Fall hat ein Kamin den Vorteil, dass er gut ist fürs Raumklima und dass er die Energiekosten senkt. Kachelofenluftheizungsbaumeister (früher sagte man „Ofensetzer") Günter Weise rät, Folgendes zu prüfen, wenn Sie vor einem Kamin kuscheln wollen:

1.) Haben Sie Platz dafür? Sie brauchen mindestens eineinhalb Quadratmeter für den Ofen und außerdem Platz fürs Holz.
2.) Haben Sie einen Schornsteinzugang? Sollten Sie keinen Zug frei haben, so gibt es heute auch Techniken, um nachträglich einen einbauen zu lassen. Der entsprechende Raum muss auf jeden Fall groß genug sein: Lassen Sie einen Ofen-Verkäufer eine Verbrennungsluftbedarfsberechnung durchführen.
3.) Macht der Hausbesitzer mit, die Eigentümergemeinschaft?
4.) Was sagt der Schornsteinfeger? Der Einbau eines Kamins muss genehmigt werden.
5.) Liegen in der Wand dahinter und über dem Kamin elektrische Leitungen? Dann müssen diese eventuell verlegt werden. Und im Abstand von mindestens 80 Zentimetern darf es nichts Brennbares geben.
6.) Bei großen Öfen, vor allem Kachelöfen: Fragen Sie auch den Statiker, ob die Decke trägt.

003.18

In der neuen Wohnung ein Extra-Zimmer zaubern

Vielleicht haben Sie Ihre Traumwohnung gefunden, allerdings hat die genau einen Raum zu wenig: Es fehlt ein Zimmer fürs Baby, für Gäste, zum Arbeiten. Dann schaffen Sie einfach eines, indem Sie in einem Zimmer eine Wand einziehen. Statt zu mauern, können Sie eine Leichtbauwand ziehen. Dafür montiert man Kanthölzer oder spezielle Metallprofile an die Wände, die schon stehen. Anschließend muss man von beiden Seiten passend zugeschnittene Gipskarton- oder Gipsfaserplatten einsetzen (Stöße verspachteln). Verkleben Sie an der Bodenkante einen Dämmstreifen (der Name sagt es: das dämmt). Kabel und Leitungen können im Wandhohlraum versteckt werden. Solche Wände lassen sich ganz normal streichen oder tapezieren. Alternativ gibt es versetzbare und verschiebbare Trennwände. Die können zwar praktisch sein, doch muss man wissen, dass diese in der Regel schlechtere Dämmwerte haben. → 003.15 Tapeten oder Farbe: Was kommt an die Wand?

25 cm x 10 cm

003.19

Wie viel Platz brauchen 100 Paar Schuhe?

Handelsübliche Schuhschränke haben Platz für sechs bis 50 Paar. Also brauchen Sie für 100 Paar Schuhe mindestens zwei Schränke. Und wenn Sie Ihre Schuhe in ein Regal stellen wollen, rechnen Sie bei Durchschnittsgröße 40/41 – 25 Zentimeter lang, zehn breit – so:

$2 \times 0{,}25\ m \times 0{,}10\ m = 0{,}05\ m^2$

Dies also der Platzbedarf pro Paar. Demnach verschlingen 100 Paar Schuhe durchschnittlicher Größe immerhin rund fünf Quadratmeter Regalfläche.

Tipp: Schuhe nicht stapeln, dabei kann das Leder verkratzen. → 005.10 Wie ein Mönch leben, cool bleiben, → 004.08 Wieso man 100 Paar Schuhe durchaus zum Leben braucht

→ EXTRA 2: Die Ab-/An-/Ummelde-Checkliste zum Abhaken

Alle wollen über Ihren Wohnungswechsel informiert werden. Wer oder was fehlt Ihnen noch? Hier verschaffen Sie sich Überblick.

☐ **EINWOHNERMELDEAMT**

Ob Sie innerhalb oder außerhalb eines Ortes umziehen – auf dem Amt müssen Sie sich spätestens nach 14 Tagen melden und die Adresse auch im Ausweis ändern lassen. Folgende Dinge sollten Sie mitnehmen, wenn Sie zur Behörde gehen:

- alle Ausweise (Personalausweise, Reisepässe, Kinderpässe), Mietvertrag o.ä.,
- Abmeldeformular vom Meldeamt Ihres alten Wohnortes (überflüssig, wenn Sie innerhalb der Stadt umziehen).

Tipp: Haben Sie Familie? Dann braucht nur einer der Erwachsenen zum Einwohnermeldeamt zu gehen.

☐ **GAS/WASSER/STROM**

Teilen Sie den Versorgern Zählerstände und Ihre neue Anschrift mit.

☐ **KITA UND SCHULE**

Vor dem Umzug müssen Sie mit den Trägern respektive dem Schulamt klären, ob Ihre Kinder in der bisherigen Einrichtung bleiben können. Wenn Sie weiter wegziehen: Nehmen Sie so früh als möglich Kontakt zu den entsprechenden Stellen auf. Vor allem, wenn Sie auch das Bundesland wechseln, ist ein Schulwechsel manchmal recht schwierig – die Lehrpläne unterscheiden sich mitunter stark.

☐ **AUTO**

Wenn Sie in der Stadt umziehen, reicht es, der Versicherung die neue Adresse mitzuteilen und diese auch in Fahrzeugschein und -brief ändern zu lassen. Das geht auf dem Straßenverkehrsamt, und Sie brauchen dafür: Anmeldebestätigung des Einwohnermeldeamtes, Personalausweis, Kfz-Schein und -Brief. Ziehen Sie in eine andere Stadt, benötigen Sie für die Zulassungsstelle auch die Bestätigung, dass das Auto versichert ist.

☐ **SPARKASSEN UND BANKEN**

Melden Sie sich bei der Filiale in Ihrer Nähe an, den Rest macht die Bank. Ändern Sie rechtzeitig alle Dauer- und Abbuchungsaufträge (Miete, Gas, Wasser, Strom).

☐ **KREDITKARTEN**

Wenn Sie bei Ihrer Bank bleiben, zieht Ihre Kreditkarte mit um, ganz automatisch. Wechseln Sie die Bank, schicken Sie ein Briefchen an das Kreditkartenunternehmen.

☐ **VERSICHERUNGEN**

Schicken Sie allen Versicherungen Ihre neue Anschrift. Und prüfen Sie: Reicht die Versicherungssumme Ihrer Hausratsversicherung noch, oder wird die neue Wohnung größer? Ziehen Sie ins Ausland, müssen Sie unbedingt klären, ob der Versicherungsschutz auch dort wirksam ist – allen voran die Krankenversicherung.

☐ **KIRCHE**

Hier brauchen Sie nichts zu tun: In Deutschland haben die Einwohnermeldeämter einen direkten Draht zu den Kirchen.

☐ **POST**

Nachsendeanträge gibt es relativ preiswert für wahlweise sechs oder zwölf Monate. Formulare bekommen Sie bei der Post.

☐ **RADIO UND TV**

Für Radio- und Fernsehgeräte müssen Sie Rundfunkgebühren bezahlen. Formulare der Gebühreneinzugszentrale (GEZ) bekommen Sie bei Banken und Sparkassen.

☐ **TELEFON**

Wer einen Anschluss ummeldet, kann innerhalb des gleichen Vorwahlbereiches seine Nummer meist behalten. Brauchen Sie eine neue Anschlussdose, bestellen Sie einen Mitarbeiter des Telefonanbieters in die neue Wohnung. Sollten Sie in einen anderen Vorwahlbereich ziehen, bekommen Sie eine neue Rufnummer. Rufen Sie mindestens zwei (besser vier) Wochen vor dem Umzugstermin bei Ihrem Anbieter an und besprechen Sie die Ab- und Umschaltung: Neue Anschlüsse können dauern!

☐ **CLUBS, VEREINE UND VERBÄNDE**

Ihre neue Anschrift sollten Sie schriftlich mitteilen oder, wenn Sie weit wegziehen, die Mitgliedschaft kündigen.

☐ **ZEITUNGEN UND ZEITSCHRIFTEN**

Wenn Sie Ihre Abonnements rechtzeitig ummelden, ziehen diese problemlos mit Ihnen um. Regionalzeitungen sollten Sie rechtzeitig abbestellen. Und rechtzeitig heißt: möglichst vier Wochen vorher.

☐ **UND WAS IHNEN SELBST NOCH IN DEN SINN KOMMT:**

— 004 —

SICH REDUZIEREN

004.01

Packen und ordentlich ausmisten

Schieben Sie das Packen nicht auf die lange Bank, spätestens drei Wochen vor dem Umzug müssen Sie anfangen, bei größeren Wohnungen eher: *Fangen Sie einfach an, sobald Sie sicher wissen, dass Sie umziehen. So geht's:*

IM KELLER BEGINNEN

Beginnen Sie auf dem Speicher und im Keller, dann knöpfen Sie sich die einzelnen Räume vor. Gut, wenn Sie einen Abstellraum haben, in dem gepackte Kisten warten können. Teilen Sie nun Ihre Dinge nach Wichtigkeit ein: Unwichtigeres zuerst. Und packen Sie jeden Tag ein kleines bisschen.

Suchen Sie zunächst alles zusammen, was Sie bis zum Umzug nicht mehr brauchen. Auch Antiquitäten und Skulpturen, wertvolles Porzellan und andere Schätze können Sie schon separat verpacken. Am besten schreiben Sie auf solche wertvollen Pakete etwas wie „Nur nach Rücksprache transportieren!". Dann können Sie dabei sein. Und: Je organisierter Sie beim Packen vorgehen, desto einfacher ist nachher das Einräumen.

WAS KANN WEG?

Sie werden einiges finden, woran Sie sich gar nicht mehr erinnern können. Sortieren Sie gnadenlos nach den folgenden Kriterien:

A. alles, was Sie entsorgen können,
B. alles, was Sie verkaufen oder verschenken wollen (und zwar umgehend!),
C. alles, was Sie behalten möchten.

Hängen Sie Ihr Herz nicht an Dinge der Kategorien B und C: Was Sie zwei Jahre lang nicht benutzt haben, wird Ihnen nie wieder fehlen. Und selbst wenn: Plunder, der unbenutzt die Wohnung zustellt, belastet mehr als einmal etwas zu vermissen.

Es ist bekannt, dass es Menschen gibt, denen Ausmisten sehr schwerfällt. In extremen Fällen nennt man solche Menschen Messies; dahinter verbergen sich Probleme, die hier nicht gelöst, andernorts aber behandelt werden können. Haben Sie Trennungsschwierigkeiten, die nicht pathologisch sind, packen Sie die Sachen in einen Karton und stellen den in den neuen Keller. Steht er nach einem Jahr noch ungeöffnet dort: weg damit, ohne nochmals reinzuschauen!

BEIM AUSMISTEN GUTES TUN

Es gibt Menschen, die freuen sich über Möbel oder Geräte, die Sie nicht mehr wollen. Überlegen Sie, welche soziale Einrichtung Ihnen sympathisch ist und fragen Sie dort nach einem Abholservice. So sparen Sie Zeit, werden Ihren Ballast los und tun Gutes. Was noch von Wert ist, können Sie auch auf dem Flohmarkt verkaufen oder bei Ebay anbieten. Kalkulieren Sie allerdings ein, dass dies Zeit braucht.

Tipp: Umzugsfirmen schicken in aller Regel einen Mitarbeiter für den Kostenvoranschlag. Wenn Sie vor dem Besichtungstermin ausmisten, wird es billiger.
→ 004.03 Bananenkisten und Profi-Umzugsmaterialien, → 010.02 Kisten zum Kunstwerk stapeln, → 004.02 Was wie einpacken?, → 005.10 Wie ein Mönch leben, cool bleiben

Essen Sie Ihr Kühlfach leer, beginnen Sie mit dem Ausmisten so früh wie möglich.

004.02

Was wie einpacken?

Menschen besitzen die unterschiedlichsten Dinge. Rund 90 Prozent dessen jedoch, was man so hat, passt in eine der folgenden Kategorien, und dafür gibt es einfache Einpacktipps.

1.) *Bücher:* Nehmen Sie am besten die kleineren und stabilen Bücherkartons. Packen Sie aber auch diese nie randvoll, sonst wird's zu schwer. Bepacken Sie die Kisten lieber nur bis zur Hälfte, dann Kissen, Geschirrtücher oder Kuscheltiere drauf. Das gilt auch für Schallplatten und CDs, oft auch für Spielzeug und Schreibwaren.

2.) *Kleidung und Wäsche:* Hand- und Geschirrtücher nehmen Sie als Polstermaterial für Geschirr und andere zerbrechliche Sachen, oder Sie packen sie auf die halbvollen Bücherkisten. Empfindliche Kleidungsstücke sind in Kleiderboxen perfekt aufgehoben. Die meisten Textilien jedoch können Sie in normale Umzugskartons packen und diese problemlos bis obenhin füllen. Am schwersten sind Pullover und Hosen. Auch Bettwäsche wiegt einiges. Doch selbst damit werden die Kisten nicht so schwer, dass man sie nicht mehr tragen könnte.

3.) *Lampenschirme:* Sie sollten einzeln in Packpapier eingeschlagen werden. Dann am besten in mit Styropor-Chips gefüllte Lampenkartons. Achtung: Knicke in Lampenschirmen gehen schwer oder gar nicht mehr heraus.

4.) *Geschirr, Gläser, Kameras, kleine gerahmte Bilder:* Am besten Sie wickeln diese Sachen einzeln in Zeitungspapier ein, bevor sie in Kisten kommen. Die Lücken dann mit Wäsche auspolstern. Machen Sie vor dem Umzug einen Rütteltest! Richtige Umzugshelfer lernen während ihrer Ausbildung, Kristallvasen und Sektkelche so gut zu verpacken, dass man die Kisten aus dem ersten Stock werfen kann, ohne dass es scheppert. Schaffen Sie das auch?

5.) *Größere Bilder:* Sie kommen in spezielle Bilderkoffer (das wäre die Profi-Lösung). Wenn Sie sie jedoch gut in Luftpolsterfolie einwickeln, wird auch nichts schiefgehen.

6.) *Lebensmittel:* Am besten, Sie essen vor dem Umzug alles auf oder verschenken die Sachen. Das ist besser als sie zu tragen. Für den Rest gilt: offene Packungen mit Klebeband verschließen.

7.) *Kleine Dinge:* Auffällig einpacken, damit sie nicht mit dem Packpapier weggeworfen werden. Ganz wichtig sind Möbelbeschläge, Schlüssel, Klammern: unbedingt sortiert nach Möbelstücken in einen (viel zu großen!) Umzugskarton, der zuletzt in den Wagen kommt. So sind sie nachher als Erstes griffbereit; Sie brauchen sie schließlich sofort zum Aufbauen der Möbel! →004.03 Bananenkisten und Profi-Umzugsmaterialien

Links: Kartons nicht unbedingt im Keller lagern, dort ist es oft zu feucht.

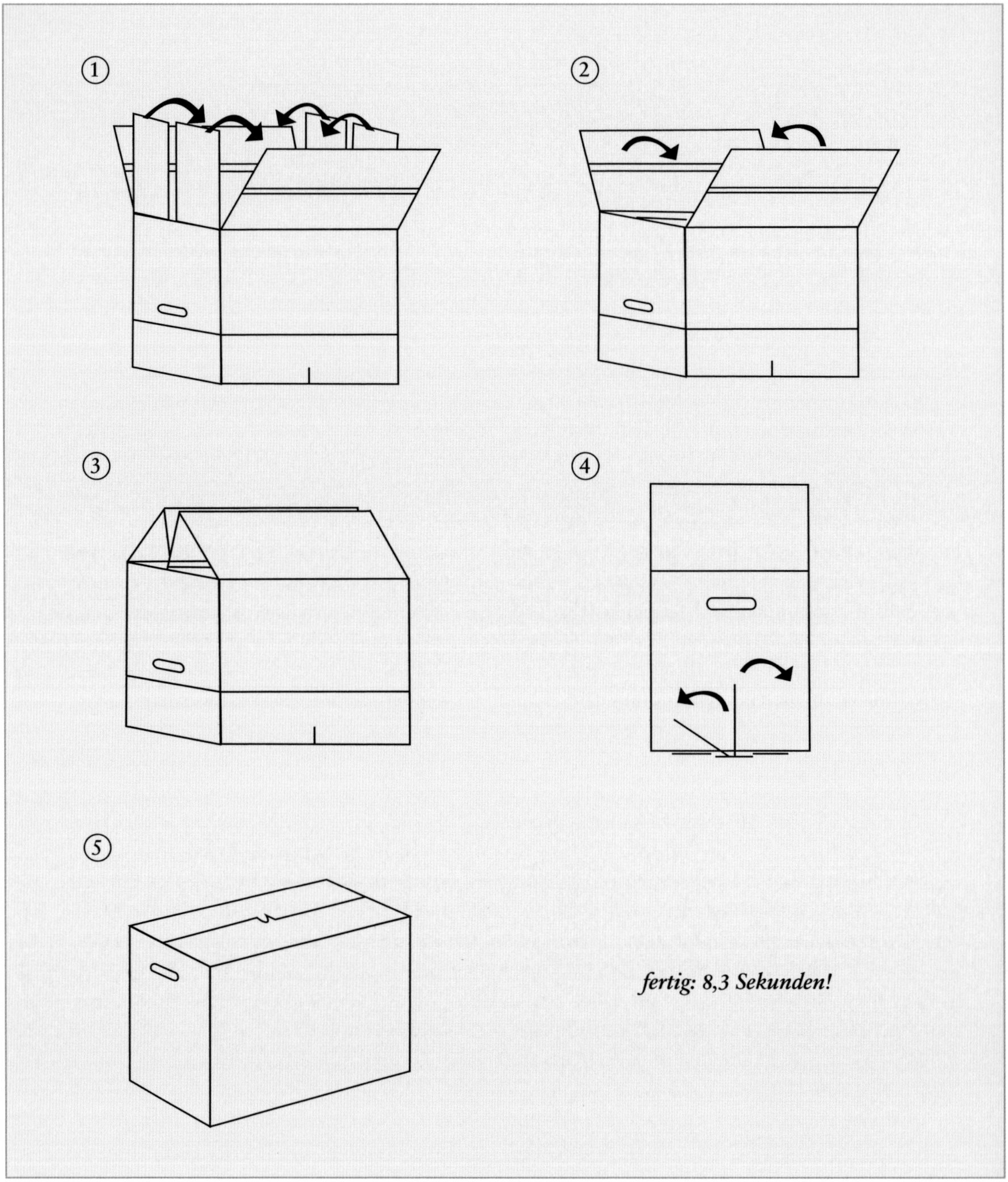

Kisten falten: Es lohnt sich, in dieser Disziplin etwas Routine zu entwickeln, denn Sie brauchen viele. Wie viele? Die Faustregel „ein Umzugskarton pro Quadratmeter“ haut selten hin. So genannte Kartonrechner aus dem Internet sind besser, sie berücksichtigen die Zahl der Personen und Zimmer, die Wohndauer und Regalmeter an Büchern, Schallplatten, Ordnern. Am verlässlichsten jedoch schätzen Mitarbeiter einer Spedition die Menge an Kisten, die Sie brauchen werden – die haben damit Erfahrung. → 004.02 Was wie einpacken?

004.03

Bananenkisten und Profi-Umzugsmaterialien

Bananenkisten sind – wie Wäschekörbe, Tüten, Weinkisten und Koffer – nicht ganz so stabil und/oder praktisch wie Umzugskartons. Oft ist daher das Improvisieren damit nur dann sinnvoll, wenn diese Dinge ohnehin irgendwie zu Ihrer Einrichtung zählen. Was in die neue Wohnung muss, kann den Weg natürlich auch befüllt antreten, doch die Anschaffung oder das Mieten von Umzugskartons lohnt sich auf jeden Fall, verzichten Sie nicht leichtfertig darauf: Der Umzugskarton ist der Klassiker, stapelbar, gut zu tragen, wiederverwendbar. Es gibt noch mehr, die gängigsten Größen aber sind die folgenden:

- Größe II: Bücher, Porzellan und Glas
- Größe II variabel: der klassische Aktenkarton
- Größe IV: Wäsche

Besonders empfehlenswert sind zweiwellige Kisten (also aus zwei Schichten) in der so genannten Möform-Qualität. „Möform" ist eine Art Gütesiegel der Umzugsprofis. In diese Kisten können statt der üblichen 25 Kilo bis zu 40 Kilo gepackt werden. Sie sind so konzipiert, dass sieben Stück (an den Breitseiten aneinandergereiht) oder vier Kartons (Längsseite an Längsseite) in einen Möbelwagen passen. So verschenkt man keinen Platz.

Umzugskartons sind nicht billig, aber Sie können bei Speditionen nach gebrauchten fragen oder im Kleinanzeigenteil danach fahnden. Während Obstkisten oder uneinheitliche Kartons von Umzugsfirmen eher argwöhnisch betrachtet werden, stoßen stabile, einheitliche Kartonagen auf Zustimmung bei Trägern und passen genau ins Auto.

Andere Profi-Materialien werden häufig unterschätzt. Beauftragen Sie eine Spedition, so lassen Sie sich am besten liefern, was Sie brauchen. Dazu zählen:

- *Seiden- und Packpapier* (für Gläser, Geschirr, Töpfe),
- *Stretchfolie,* die etwa Möbeltüren geschlossen hält (Gurte mit Schnallen und Klebeband sind nicht zu empfehlen),
- *Kleiderboxen* (mobile Schränke, in denen die Garderobe hängend transportiert werden kann),
- *Matratzenhüllen oder auch -kartons,*
- *Möbelpackdecken* (zum Schutz; für einen Lkw braucht man leicht 100 Stück),
- *Lampenkartons verschiedener Größen,*
- *Flopack* (Flocken für die Kiste mit dem Kronleuchter),
- *Luftpolsterfolie* (beispielsweise für Bilder, das Fernsehgerät, große Vasen),
- *Couch- und Klavierüberzüge* (zum Schutz; vor allem, wenn Treppenhäuser eng sind),
- *Möbelroller* (auch Rollis genannt; damit lassen sich große und schwere Möbel transportieren oder auch mehrere Umzugskartons auf einmal),
- *eine Schlüsselbox* (lässt sich auch für Beschläge gut nutzen),
- *Hunte und Sackkarren* (zum Transport von empfindlichem Gut, es gibt sie auch extra für Treppen),
- *Tragegurte* (für schwere Möbelstücke),
- *Klebeband,*
- *reißfeste Plastiksäcke.* → 007.05 Ein Auto bepacken, → 004.01 Packen und ordentlich ausmisten, → 004.02 Was wie einpacken?

004.04

Warnung vor Klebeband

Kleben Sie Klebeband nie direkt auf Möbel, wenn es nicht gleich wieder abgezogen wird. Sonst bleiben Klebstoffreste zurück, die Sie kaum mehr wegbekommen, ohne die Oberflächen der Möbelstücke zu beschädigen. Denken Sie vor allem auch daran, wenn Sie etwas einlagern wollen. Eine gute Alternative zu Klebeband sind Gurte. → 004.03 Bananenkisten und Profi-Umzugsmaterialien, → 004.02 Was wie einpacken?

Ordentlich beschriften

Sie haben im Prinzip zwei Möglichkeiten, und es ist völlig egal, für welche Sie sich entscheiden.

Variante A. Schreiben Sie mit einem dicken Filzstift direkt auf die Umzugskiste. Meist sind dort bereits Felder vorgedruckt, in denen Sie nur ankreuzen müssen: „Bad", „Kinderzimmer", „Garage" etc. Und Vermerke für den Transport („Glas!!!") schreiben Sie groß daneben.

Variante B. Das Gleiche in Grün, aber mit Aufklebern. Hat der Spediteur. Oder Sie bestellen welche in einschlägigen online-Shops.

Tipp: Klebebänder mit der Aufschrift „zerbrechlich" helfen schützen. Wenn Sie gebrauchte Umzugskartons verwenden, vergessen Sie nicht, Beschriftungen früherer Benutzer durchzustreichen. → 004.04 Warnung vor Klebeband, → 004.02 Was wie einpacken?

004.06

Motivationshilfe: Umzug statt Sport

Umziehen macht schlank und schön. Hier einige Arbeiten, die in diesen Wochen anfallen, und ihr Energieverbrauch, jeweils pro zehn Minuten:

Ausmisten:	20 kcal
Kisten packen:	20 kcal
Teppiche ausklopfen:	60 kcal
Keller aussortieren:	40 kcal
Treppen steigen:	90 kcal
den Umzugswagen fahren:	20 kcal
ein Regal aufbauen:	30 kcal
durch die Räume gehen und über die Einrichtung nachdenken:	20 kcal
Vorhänge aufhängen:	50 kcal
ein Umzugsessen kochen und danach die Küche aufräumen:	40 kcal
auf Aus- und Einzugsparty tanzen:	30 kcal (langsam) bis 60 kcal (flott)

Einfach hinein damit: In Taschen wie dieser lassen sich vor allem sperrige Textilien gut transportieren.

004.07

Umziehen mit Ikea-Tüten

Sie kennen diese großen blauen Taschen. Sie sind nicht schön, aber es gibt Dinge, die sich darin sehr gut verstauen lassen. Dazu zählen *Kissen und Bettdecken, Handtuchstapel, Saunatücher, Teppiche, Vorhänge, Wintermäntel, Skianzüge, Bademäntel.* Also alle Raum verschlingenden, nicht allzu empfindlichen Textilien. Praktisch ist, dass man die Taschen über der Schulter tragen kann. → 004.03 Bananenkisten und Profi-Umzugsmaterialien

„Manchmal kann etwas schön aussehen, nur weil es sich von Dingen drumherum unterscheidet." (Andy Warhol, der im Auftrag von Warenhäusern eine ganze Zeit lang auch Schuhe entworfen hat.)

004.08

Wieso man 100 Paar Schuhe durchaus zum Leben braucht

Schuhe machen Spaß. Es ist schön, sie zu besitzen. Und: Für Schuhe ist man nie zu dick, nie zu dünn, nie zu blass. Schon das Geldausgeben dafür ist die reine Freude. Michaela Witz arbeitet für das Schuhaus Görtz, sie weiß, wie viele Schuhe wir brauchen können.

„Bei Frauen", sagt sie, seien das mindestens:

1) flache Schuhe, etwa Ballerinas – und die in verschiedenen Farben,
2) edle und bequeme Schuhe für lange Abendveranstaltungen,
3) Schuhe mit hohen Absätzen für extra-lange Hosen,
4) High Heels, in denen man einigermaßen gerade gehen kann,
5) richtig hohe High Heels, die toll aussehen, auch wenn man sie nur im Sitzen tragen kann,
6) Stiefel aus Glattleder in verschiedenen Farben,
7) Stiefel mit flachen Absätzen,
8) Stiefel mit hohen Absätzen,
9) Bikerboots, perfekt zur Jeans,
10) lässige Ankle Boots, ebenfalls perfekt zur Jeans,
11) Ankle Boots mit höheren Absätzen für den Business-Anzug,
12) Sandaletten in verschiedenen Farben mit hohen Absätzen,
13) Sandaletten in verschiedenen Farben mit flachen Absätzen,
14) Pumps in verschiedenen Farben für klassische Auftritte,
15) bequeme Sneakers,
16) Gummistiefel,
17) Pantoffeln oder andere Hausschuhe,
18) Sportschuhe fürs Fitnessstudio,
19) Joggingschuhe.

„Und auf etwa zehn Paar", sagt Frau Witz, „kommt sogar ein Mann":

1) lässige Freizeitschuhe (braun oder schwarz),
2) schwarze Business-Schuhe,
3) braune Business-Schuhe (hier nicht am Preis sparen, denn bei richtiger Pflege halten sie mehrere Jahre),
4) rustikale Boots,
5) bequeme Sneakers,
6) Pantoffeln oder andere Hausschuhe,
7) Sportschuhe fürs Fitnessstudio,
8) Joggingschuhe.

→ 003.19 Wie viel Platz brauchen 100 Paar Schuhe?

004.09

Wie man Gift, das man zu Hause findet, los wird

Beim Umziehen mistet man Wohnung, Keller, Garage aus, und beim Ausmisten fällt Abfall an. *Manchmal ist Abfall giftig und darf dann auf keinen Fall in den Hausmüll. Denn viele Schadstoffe sind bereits in kleinsten Mengen für die Umwelt gefährlich: Ein Liter Öl beispielsweise kann eine Million Liter Trinkwasser vergiften.* Schwermetalle oder Chemikalien, die in die Umwelt gelangen, können Pflanzen und Tiere schädigen und bei uns Menschen etwa Krebs erzeugen. Aber gut: Was zu Hause ist, muss weg. Doch wie, wohin?

Undefinierbare Flüssigkeiten: Sicherheitshalber geben Sie Brühen, von denen Sie nicht wissen, wie sie heißen und was sie bewirken, alle beim Sondermüll ab. Ältere Produkte sind oft ganz besonders schlimm. Und immer gilt: Schütten Sie niemals Chemikalienreste zusammen!

Heute müssen gefährliche Produkte vom Hersteller entsprechend gekennzeichnet werden. Das Zeichen „Toter Baum und Fisch" warnt etwa vor umweltgefährdenden Stoffen, ein Totenkopf-Symbol steht für Gift und eine durchgestrichene Mülltonne findet man auf Altbatterien und Schwermetallen.

Leuchtstoffröhren und Energiesparbirnen: Sie enthalten Quecksilber und müssen zur Sondermüllannahmestelle.

Altöl: Wer noch die Quittung hat, ist fein raus. Der Händler nimmt dann nämlich die gleiche Menge Altöl auch wieder zurück, das muss er. Alternativ haben aber auch Kommunen Altöl-Sammelstellen.

Altbatterien/Akkus: Im Geschäft zurückgeben oder bei Sammelstellen abliefern.

Medikamente: Nehmen die meisten Apotheken zurück.

Renovierungsabfälle: Alte Wandfarben kann man in aller Regel über den Hausmüll entsorgen. Farb- und Lackreste, Verdünner, Holzschutzmittel, Abfluss- und Rohrreiniger (und andere aggressive Reinigungsprodukte) müssen bei Sondermüll-Sammelstellen abgegeben werden.

Bauschutt und Baustellenabfälle: Sind nicht dasselbe. Mineralische Komponenten werden von anderen Abfallarten getrennt. Bauschutt besteht aus Steinen, Putz und Mörtel. Reiner Bauschutt gilt als Wertstoff, der recycelt wird. Sind Tapetenreste, Fliesen oder andere Stoffe dazwischen, nennt man das Baustellenabfall. Fragen Sie einfach bei der kommunalen Abfallberatung, wo Sie das, was beim Renovieren anfällt oder noch in Ihrem Keller lagert, in Ihrer Stadt abgeben können.

Gartenchemikalien: Pflanzenschutz- und Schädlingsbekämpfungsmittel, die einen Totenkopf (Gift!) tragen, müssen als Sondermüll entsorgt werden.

Elektro- und Elektronikschrott: Auch diesen bitte auf keinen Fall in den Hausmüll packen, vieles daran ist giftig. Fragen Sie daher bei der kommunalen Abfallberatung danach, welche Recyclingmöglichkeiten es in Ihrer Gegend gibt.

Beim Ausmisten aufgetaucht: „Toter Baum und Fisch“ und andere Symbole. Sie signalisieren, dass etwas nicht in den Hausmüll darf.

004.10

Das Überlebens-Kit

Denken Sie jetzt daran, Überlebenstaschen für jedes Familienmitglied zu packen – sonst sitzen Sie am Umzugsabend da in Ihren neuen Räumen, zwischen all den Kisten, und finden nichts. Haben Sie Familie, also Kinder, wissen Sie, was man für den Nachwuchs braucht. Dies ist von Alter zu Alter und Kind zu Kind verschieden, unterscheidet sich im Grunde jedoch nicht von Ihrer ganz normalen Reiseausstattung. *Für erwachsene Umzieher raten wir zu folgendem Inhalt*:

- eine Flasche guten Rotweins oder Champagner samt Glas (in Geschirrtücher wickeln und in Schuhkartons packen),
- Pyjama, Zahnbürste und was Sie sonst noch so abends/morgens unbedingt brauchen,
- ein gutes Buch,
- Ihre Brille, falls Sie eine zu tragen pflegen,
- eine sehr gute Taschenlampe für den Fall, dass Sie es nicht mehr geschafft haben, die Lampen anzuschließen,
- eine Luftmatratze, Laken, Decke, Kissen,
- Klamotten für drei Tage (möglicherweise finden Sie nicht gleich morgen die Kiste mit den frischen Socken!),
- Ihren I-pod mit Ihren derzeitigen Lieblingshits,
- ein paar Salzstangen,
- ein Notizbuch,
- eine Rolle Toilettenpapier.

So ausgestattet werden Sie schon mal gut über den ersten Abend kommen. Man könnte sogar die Behauptung wagen: sehr gut. → 008.01 Eine Weinflasche ohne Korkenzieher öffnen, → 008.02 Kabelloses Kuschellicht installieren, → 008.03 Schöner träumen auf Luftmatratzen

Rechts: Champagner, Decke, Luftmatratze: Dinge, die Sie nun griffbereit haben sollten.

MOËT
MOËT & CHANDON
ROSÉ IMPÉRIAL
KARL MAY
WINNETOU

BOSCH

004.11

Wasch- und Spülmaschine abmontieren

Wasch- und Spülmaschine kann man selbst abbauen und zwar ganz einfach: *Restwasser abpumpen, Stecker ziehen, Wasserzulauf (meist unter dem Waschbecken) abstellen.*

Der Zulaufschlauch hat eine so genannte Überwurfmutter, die sich durch Kalkablagerungen über die Jahre meist etwas verklemmt. Um diese Überwurfmutter zu lösen, braucht man daher eine Wasserpumpenzange. Dabei bitte den Schlauch festhalten, denn sonst läuft das Restwasser, das sich noch darin befindet, aus. Lassen Sie es in einen Eimer ablaufen, und binden Sie einen Lappen um das Ende des Zulaufschlauches, damit die, die die Maschine tragen, nicht im Treppenhaus nass werden. Für den Ablaufschlauch, der üblicherweise mit einer Schlauchschelle befestigt ist, gilt dasselbe. Um ihn abzumontieren, braucht man einen Schraubenzieher mittlerer Größe oder auch einen Sechskant (meist Größe 5 mm, und das ist kleiner als der Standard im Werkzeugkasten!).

Den Ablaufschlauch legen Sie zum Transport am besten in die Trommel bzw. den Innenraum. Kerstin Triebener, ein Profi von der Firma Bauknecht in Stuttgart: „Die Transportsicherung, die bei der Anlieferung einer neuen Waschmaschine immer dabei ist und vor dem ersten Gebrauch herausgenommen wird, haben Sie hoffentlich aufbewahrt. Benutzen Sie sie nun.“ Das ist wichtig vor allem dann, wenn die Waschmaschine liegend transportiert werden muss. In der neuen Wohnung bitte beachten: Beim Anschließen des Waschmaschinen-Wasserzulaufs die Dreiviertel-Zollverschraubung nur von Hand festziehen und, falls Sie die noch finden, ggf. mal in die Gebrauchsanweisung schauen, Kapitel „Aufstellen“ – vielleicht ist Ihre Maschine schließlich eine ganz besondere.

Tipp: Auch wenn Hersteller von Waschmaschinen das nicht gern hören, Umzugsprofis kennen einen Trick, der den Transport schwerer älterer Maschinen leichter macht: einfach das Gehäuse aufschrauben und die Gewichte herausnehmen. Diese stabilisieren bei nicht ganz neuen Modellen die Trommel beim Wasch- und Schleudergang, beim Transport jedoch sind sie natürlich nur hinderlich. → 002.08 Einen Teil der Ausstattung übernehmen und weitergeben

004.12

Das Wasser aus einem Wasserbett ablassen

Ein Wasserbett zu entleeren dauert, doch Sie kriegen es hin. Am besten leihen Sie sich eine Wasserbettpumpe (günstig, im Fachgeschäft). Mit der pumpen Sie das Wasser ins nächste Waschbecken. Das Bett schrumpelt zusammen. *Vorsicht:* Bei Betten, in denen ein Beruhigungsvlies schwimmt, dürfen Sie dieses nicht mit einsaugen – deshalb bitte nicht irgendeine Pumpe nehmen! Das leere (oder fast leere) Bett einpacken (beispielsweise in Wolldecken) und von starken Männern tragen lassen. In der neuen Wohnung alles in umgekehrter Richtung, und vergessen Sie beim Einfüllen nicht das Algenmittel.

Links: Spülmaschinen lassen sich wirklich kinderleicht abmontieren.

→ EXTRA 3: Countdown zum Wohnungswechsel

NOCH DREI MONATE

Mancher nie, andere ständig. Doch rein statistisch betrachtet zieht jeder etwa fünf Mal im Leben um. Und jeder wird Ihnen sagen: Jetzt, ein Vierteljahr vor dem Wohnungswechsel, beginnt eine eher anstrengende Zeit. Dabei wird er Studien zitieren, die besagen, dass ein Umzug den Menschen ebenso sehr stresst wie der Tod eines Angehörigen oder wie der Verlust von Arbeitsplatz und Paarbeziehung auf einmal. Am besten, Sie lachen, machen sich langsam an die Arbeit, ohne nervös zu werden – einfach wie ein Schaf, das eine große Wiese abzuweiden hat. Das Wichtigste, wie immer im Leben, ist ein Plan. Mit einem Plan kommt man durch. Ihrer lautet für den Moment:

- ☑ Den Mietvertrag kündigen. Je nachdem, wie lange Sie in Ihrer alten Wohnung gelebt haben, liegen die Kündigungsfristen zwischen drei und neun Monaten, es ist also allerhöchste Eisenbahn! Kündigen müssen Sie immer schriftlich. Wenn Sie von der eher vorsichtigen Sorte sind, sollten Sie aber nur kündigen, wenn Sie einen neuen Mietvertrag und diesen geprüft haben. Kündigen Sie auch Garage und Parkplatz, wenn Sie dafür extra Verträge haben.

- ☑ Urlaub beantragen. Fürs Umziehen gibt es ein bisschen extra frei, und am besten, Sie nehmen noch weitere Tage dazu: Besprechen Sie dies mit Ihrem Arbeitgeber.

- ☑ Kartons besorgen.

- ☑ Rigoros ausmisten. Beim Kistenpacken werden Sie Sachen finden, von denen Sie gar nicht mehr wussten, dass es sie gibt: weg damit. Werfen Sie endlich das kaputte Bett im Keller auf den Sperrmüll. Verkaufen Sie Ihre LP-Sammlung bei Ebay, spenden Sie Töpfe, Pfannen, alte Bücher Kinder- und Obdachlosenheimen, Frauenhäusern und Behindertenwerkstätten. Werfen Sie Ballast ab. Ziehen Sie nie mit Sperrmüll um!

- ☑ Renovieren (1). Sprechen Sie bei einer Vorabnahme mit Ihrem Vermieter, schauen Sie in Ihren Vertrag: Was muss in Ihrer alten Wohnung getan werden? Was können Sie selbst tun, was wollen Sie machen lassen? Holen Sie Angebote ein. Handwerker haben mitunter lange Vorlaufzeiten!

- ☑ Renovieren (2). Und was muss in Ihrer neuen Wohnung getan werden? Was können Sie selbst tun, was wollen Sie machen lassen? Holen Sie Angebote ein. Wie gesagt: Handwerker haben mitunter lange Vorlaufzeiten.

- [x] Einen Grundriss zeichnen. Passt Ihr Hausstand, passen Ihre alten Möbel in die neue Wohnung? Haben Sie Deckenhöhen, Türbreiten einkalkuliert? Was soll wohin? Was fehlt Ihnen noch? Wenn Sie ein neues Sofa brauchen, eine Küche, ein Bett: jetzt aussuchen und bestellen, viele gute Hersteller haben ebenfalls lange Lieferzeiten.

- [x] Schon mal langsam überlegen: Wollen Sie auf eigene Faust umziehen – oder lieber starke Männer schleppen lassen? Vielleicht holen Sie sich Angebote verschiedener Spediteure ein.

NOCH EINEN MONAT

Nur noch vier Wochen. Da wird man leicht ein bisschen hysterisch. Doch wer ein Buch wie dieses hat, wird es lässig überstehen. Setzen Sie sich erstmal an den Schreibtisch.

- [ ] Alle möglichen Menschen und Institutionen wollen darüber informiert werden, dass Sie künftig anderswo wohnen, Gas-, Wasser- und Stromversorger, das Einwohnermeldeamt, Ihr Arbeitgeber, GEZ, Post, Tageszeitungen und Zeitschriften. Wir raten Ihnen, einfach allen eine E-Mail mit der neuen Anschrift zu senden. Und auch das können Sie jetzt schon erledigen: Zeichnen Sie einen Grundriss mit Möbeln, den Sie am Umzugstag an die Eingangstür kleben können – zur Orientierung für alle, die helfen. Auch einen Nachsendeantrag können Sie bereits bestellen; bei der Post geht das für wahlweise sechs oder zwölf Monate.

- [x] Wenn Sie auf eigene Faust, ohne Spedition, umziehen wollen, so sollten Sie langsam Ihren Freunden Bescheid geben. Warten Sie länger, riskieren Sie, dass alle starken Kerle eine prima Ausrede haben. Mit Ihren Kindern sollten Sie jetzt, allerspätestens, über den Umzug sprechen.

- [ ] Bestellen Sie noch fehlende Packmaterialien. Misten Sie jeden Tag einen Schrank, ein Regal, eine Kammer aus, und seien Sie dabei nicht zimperlich. Fangen Sie im Keller und auf dem Boden an und arbeiten Sie sich dann zügig durch, Raum für Raum. Packen Sie ggf. KWW-Kisten: „KWW“ für „Kann wahrscheinlich weg“.

- [ ] Richtig packen heißt auch: Nie mehr als 25 Kilo in eine Kiste, schwere Dinge nach unten. Nichts darf klappern. Schallplatten und Bücher senkrecht stellen. Und alle Kisten ordentlich beschriften.

- [ ] Reservieren Sie bald schon Parkplätze. Auch um einen Umzugswagen sollten Sie sich langsam bemühen, denn vor allem an den Wochenenden zum Monatswechsel sind diese rasch ausgebucht. Bei den Autovermietern bekommen Sie in aller Regel sogar Umzugskisten und anderes Material, falls Ihnen da noch etwas fehlen sollte.

- [ ] Nicht vergessen: Haben Sie eine Tiefkühltruhe, muss die, klar, zum Umzug abgetaut werden. Essen Sie nun also alles auf.

NOCH EINE WOCHE

Nur noch sieben Mal schlafen. Sie sollten jetzt vor allem eines – cool bleiben. Woran Sie sonst noch denken sollten:

- [ ] Eine Liste erstellen mit allem, was Sie noch erledigen müssen.

- [ ] Die Reste zusammenkehren und einpacken.

- [ ] Getränke und Lebensmittel für den Umzugstag besorgen und ein Überlebens-Kit packen: für jedes Mitglied des Haushalts eine Tasche mit dem, was man für zwei, drei Tage braucht. Außerdem etwas Geschirr und Besteck. Bereithalten: Bargeld (auch Trinkgeld für die Helfer), Kreditkarten, Schlüssel, Telefon, Ausweise.

- [ ] Möbel: Einlegeböden und Schubladen herausnehmen, Türen mit Gurten fixieren. Teppiche und Parkett mit Folie, Pappen, Packpapier schützen.

- [ ] Kinderbetreuung organisieren.

- [ ] Namensschilder machen oder machen lassen.

Wenn Sie nicht in einer alleinstehenden Villa wohnen und wieder wohnen werden: Warnen Sie auch Nachbarn und Hausmeister. Treppenhäuser sollten möglichst nicht voller Kladderadatsch stehen, Aufzüge müssen funktionieren, es sollte sich keiner ärgern, wenn es beim Schleppen hier und da etwas lauter wird. Haben Sie einen Umzugswagen gemietet, so holen Sie den am Vorabend des Umzugs ab. In der Regel geht dies ohne Extrakosten. Drehen Sie ein paar Übungsrunden, damit Sie das Ding nicht gleich gegen die Wand setzen: Lernen Sie den Wagen kennen. Die heiße Phase hat begonnen. Wie gesagt: Ruhig bleiben, heißt es nun, ganz ruhig bleiben.

005

DEN UMZUGSTAG VORBEREITEN

005.01

Eine seriöse Schlepperbande finden

Zunächst brauchen Sie eine Spedition. Nehmen Sie nicht irgendeine, seien Sie wählerisch. Qualität hat ihren Preis, auch in dieser Branche, und wer zu sparsam ist, kann auf die Nase fallen. Seriöse Unternehmen erkennen Sie etwa an folgenden Kriterien:

Schickt die Spedition jemanden zur Besichtigung? Sollte sie. Kostenvoranschläge am Telefon sind nicht seriös. Am besten ist es, jemand kommt vorbei, erstellt eine Umzugsgutliste, berechnet die zu transportierenden Kubikmeter und schickt Ihnen dann ein Angebot. Übrigens: Solche Vorbesichtigungen sind unverbindlich für Sie.

Hat die Spedition fest angestellte Mitarbeiter? Das ist ein gutes Zeichen. Billigkräfte ohne Erfahrung, die für ihre Arbeit nur drei, vier Euro die Stunde erhalten, sind es nicht.

Beschäftigt das Unternehmen einen eigenen Tischler? Der könnte Ihnen gleich die Küche montieren, einen Schrank kürzen, Einbaumöbel ändern.

Den E-Herd, eine Lampe oder die Waschmaschine anzuschließen – dies allerdings wird Ihnen ein seriöses Unternehmen eher nicht anbieten, denn dies dürfen nur Fachleute. Ein Spediteur, der Ihnen sagt, „das machen wir schnell mit", verliert den Versicherungsschutz.

005.02

Einen Lkw mieten, den Sie auch fahren dürfen

Wenn Sie auf eigene Faust umziehen sollten, brauchen Sie ein großes Auto. Vergessen Sie also nicht, sich rechtzeitig um einen Umzugswagen zu kümmern: Termine zum Monatswechsel sind häufig stark nachgefragt.

Maximilian Maurer, beim ADAC für Recht und Technik zuständig, sagt, was Sie fahren dürfen: *„Wer den alten Führerschein Klasse 3 hat, darf Lkw bis 7,5 t zulässiges Gesamtgewicht fahren. Wer den Pkw-Führerschein nach 1998 gemacht hat, hat Führerschein Klasse B. Damit darf man nur Fahrzeuge bis 3,5 t fahren.* Wird ein Lkw über 3,5 t nur mit Klasse B gefahren, fährt man ohne Fahrerlaubnis und ohne Versicherungsschutz; das sind Straftaten. Miet-Lkw über 3,5 t zulässiges Gesamtgewicht sind regelmäßig mit Fahrtenschreibern oder Kontrollgeräten ausgerüstet. Damit soll die Einhaltung der Lenk- und Ruhezeiten im gewerblichen Güterverkehr überwacht werden." Private Transporte sind hiervon ausgenommen. Wer also selbst umzieht, braucht weder Tachoscheibe noch Fahrerkarte.

Lastwagen bis 7,5 t fahren sich etwas anders als etwa ein VW-Golf. Herr Maurer: „Teilweise haben sie auch Bedienungselemente, die es in einem Pkw nicht gibt, etwa Motor- oder Druckluftbremse. Das Fahrverhalten insbesondere in beladenem Zustand – also Bremsweg, Kurvenverhalten, Seitenwind – sowie die

Rechts: Defensiv fahren. Und Achtung beim Einparken: Ein Lkw ist kein Kleinwagen.

ungewohnte Größe (Einparken!) können unerfahrenen Fahrern Probleme breiten."

Tipp: Gehen Sie es langsam an und fahren Sie auch so. Lassen Sie sich auf jeden Fall beim Vermieter intensiv einweisen. Spüren Sie auch nur die Spur einer Verunsicherung, lassen Sie es lieber. Einfacher zu fahren sind Kleinlaster bis 3,5 t. Die sind eher mit einem Van oder Geländewagen zu vergleichen, und das schaffen Sie schon. Doch auch hier gilt: Wer selten mit solchen Autos unterwegs ist, sollte besonders defensiv fahren. → 007.05 Ein Auto bepacken

Was ist ein Außenaufzug? Hier sieht man es: eine praktische Angelegenheit. Mit dem Lift werden die Möbel vom Umzugswagen direkt durchs Fenster in die Wohnung gefahren. Oder umgekehrt. Das spart Zeit und Kraft und verhindert Schrammen an den Möbeln, wenn Treppenaufgänge eng sind. Möbelspediteure bieten so etwas an und bedienen die Technik dann auch.

005.03

Ein Halteverbot einrichten

Eine Halteverbotszone für den Umzugstag einzurichten ist sinnvoll. Denn Lust zum Parkplatzsuchen werden Sie am Umzugstag kaum haben, und die Schränke, Tische, Betten und schweren Kisten aus der Parallelstraße heranzuschleppen, ist auch kein Spaß. *Haben Sie kein Umzugsunternehmen beauftragt, das derlei für Sie mit erledigt, dann bestellen Sie ein Halteverbot am besten selbst im Internet, spätestens eine Woche vor dem Umzug, aber das ist dann wirklich allerhöchste Eisenbahn.* Malen Sie besser nicht auf eigene Faust ein „Bitte-nicht-parken-Umzug!"-Schild, denn laut Straßenverkehrsordnung brauchen Sie eine Genehmigung fürs Aufstellen von Schildern. Die richtige „Beschilderung, Anlieferung, Auf- und Abbau, Beschriftung. Komplett zum Pauschalpreis" kann man im Internet etwa auf www.moveasy.de bestellen. Alle Unterlagen kommen dann per Fax oder E-Mail.

Am Umzugstag können Sie damit alte Nachbarn abschleppen oder neue von der Polizei aus dem Bett holen lassen – theoretisch. Setzen Sie diese Theorie nicht unbedingt in die Praxis um. → 013.02 Was sich im Mehrfamilienhaus (und auch sonst) nicht gehört

005.04

Brauchen Sie noch eine Versicherung?

Wenn Sie ein Umzugsunternehmen beauftragen, ist dieses versichert, denn dazu ist es gesetzlich verpflichtet. Laut §451g HGB werden bis zu 620 Euro pro Kubikmeter ersetzt, wenn die Mitarbeiter der Spedition eine Schramme in die Kommode hauen oder eine Kiste mit Geschirr fallen lassen. Und der Normalfall ist auch, dass diese Summe reicht: Bei einem normalen Lkw mit einem Fassungsvermögen von 40 Kubikmetern bekommen Sie bis zu 24.800 Euro. Da ein Totalverlust im Prinzip nur eintreten kann, wenn der Laster von einer Fähre kippt oder in die Luft gejagt wird, genügt das in den meisten Fällen.

Haben Sie besonders wertvolle Dinge, die Sie lieber extra versichern wollen, melden Sie dies am besten der Spedition. Sie können dann auch einzelne Objekte – den Flügel, eine Vase, Ihr Bett – versichern lassen, ganz wie Sie wollen. Allerdings ist das nicht gerade billig. Bei Kunstgegenständen sind Rechnungen oder Expertisen hilfreich, um den Wert einer Sache belegen zu können.

Stephan Schweda, Sprecher des Gesamtverbands der Deutschen Versicherungswirtschaft, warnt in diesem Zusammenhang vor dem Umzug auf eigene Faust. „Das kann teuer werden, Sie haben keine Chance, Ihr Umzugsgut zu versichern." Wird vom Umzugswagen geklaut, zahlt keine Haftpflichtversicherung. „Beauftragen Sie eine Spedition, sind Sie aus dem Schneider", sagt Schweda. Und die Hausratversicherung? Die zahlt nur für Schäden in den Wohnungen, nicht auf dem Weg von der einen zur anderen.

Allerdings, der Haken: Auch beim Profi-Umzug haften Versicherungen für den Inhalt von Kisten nur, wenn nicht Sie, sondern die Spedition alles ver- und wieder ausgepackt hat. → 007.10 Wenn beim Umziehen etwas passiert

Ist Ihr Umzugsauto nun schon abgeholt? Nicht vergessen: Drehen Sie ein paar Runden zum Üben.

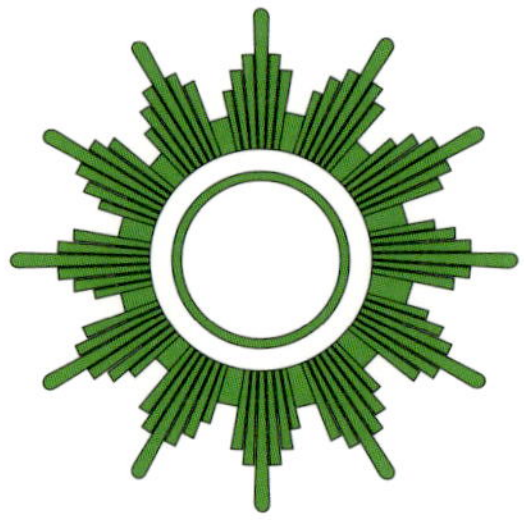

005.05

Die Kriminalpolizei rät

„Uns ist nicht bekannt, dass etwa Kisten, Koffer oder Teppiche vom Umzugswagen geklaut werden. Was natürlich nicht heißt, dass das nie passiert." Harald Schmidt, 33 und Geschäftsführer der zentralen Geschäftsstelle Polizeiliche Kriminalprävention der Länder und des Bundes, ist in Sachen Wohnungswechsel entspannt. Dennoch rät der Mann aus Schwaben: *„Packen Sie Wichtiges extra: Versicherungspolicen, Geld, Sparbücher, Ausweise – alles in einen Koffer, den Sie selbst transportieren."* Auch Wertgegenstände würde Herr Schmidt lieber auf diese Weise umziehen sehen. Bei seriösen Umzugsunternehmen, sagt der Kriminalpräventions-Experte, habe er allerdings „gar keine Sorge, dass etwas nicht dort ankommt, wo es hin soll". In seiner Dienstzeit jedenfalls sei so etwas noch nie vorgekommen. → 005.04 Brauchen Sie noch eine Versicherung?, → 007.02 In die Badewanne!

005.06

Auf die Hilfe von Freunden verzichten

Menschen, die mit Arbeit ihren Lebensunterhalt verdienen, haben in aller Regel wenig bis keine Langeweile. Stattdessen haben sie kleine Kinder oder Wochenendhäuser, Autos, die zur Reparatur und Briefe vom Amt, die dringend beantwortet werden müssen, sie müssen Sport treiben, Überstunden schieben – und obendrein haben sie Zipperlein: das Knie, der Rücken, der Tennisarm. Nur die wenigsten Ihrer Freunde und Bekannten werden einem Tag als Umzugshelfer so richtig entgegenfiebern. Ihr Hausrat jedoch hat sich, seit Sie bei Ihren Eltern ausgezogen sind, vervielfacht, Sie haben einen Beruf und verdienen ein bisschen Geld damit.

Tipp: Geiz zahlt sich nicht aus! Wer sich das Badezimmer frisch fliesen lässt, jetzt eine teure Wohnung mietet oder eine tolle Küche plant, kann sich nun auch noch ein paar Träger für den Tag des Umzugs leisten. Wenn Sie also Ihre Freunde mögen und es sich halbwegs erlauben können, bestellen Sie eine professionelle Schlepperbande, eine Spedition. Diese Leute können das besser, sind versichert, ersparen Ihnen Schuldgefühle und schlechtes Gewissen. Und vielleicht auch Gegeneinladungen zum nächsten Umzug im Freundeskreis. → 005.07 Ausreden von Freunden erkennen, → 005.08 Profis finanzieren

Betretenes Schweigen im Freundeskreis: Nur wenige Menschen fiebern einem Tag als Umzugshelfer so richtig entgegen. Vor allem, wenn sie schon über 30 sind.

005.07

Ausreden von Freunden erkennen

Wie gesagt: Wenn Ihr Studentenausweis seit einigen Semestern ungültig ist, verzichten Sie lieber auf die Hilfe von Freunden beim Umziehen. Müssen Sie sehr sparen, geht es eben nicht anders – und dann ist das Einspannen von Kistenschleppern legitim. Erklären Sie dies Ihren Freunden und versprechen Sie, sich zu revanchieren (und tun dies dann auch wirklich).

Daran erkennen Sie, wer sich mit einer Ausrede vor dem Helfen drücken möchte:

1. Nervosität, Gestottere, ein roter Kopf („ähähähäh…“),
2. plötzlicher Besuch von fernen Verwandten,
3. gleich drei Ausreden auf einmal,
4. bislang völlig unübliche Samstagsarbeit,
5. heftige Zipperlein, die bis dato unerwähnt blieben,
6. übertriebene Einzugsgeschenke, die von schlechtem Gewissen zeugen.

Tipp: Seien Sie nachsichtig und milde, wenn Sie jemanden bei Ausreden erwischen: In wirklichen Notsituationen helfen Ihre Freunde sicherlich. → 005.06 Auf die Hilfe von Freunden verzichten, → 005.08 Profis finanzieren

005.08

Profis finanzieren

Notfalls können Sie schnell etwas hinzuverdienen, um starke Männer zu bezahlen:

A. Sie haben ungemein ausgemistet: Verkaufen Sie nun alles, was sich noch verkaufen lässt, auf dem Flohmarkt oder im Internet.

B. Verzichten Sie auf neue Fliesen im Bad.

C. Machen Sie ein paar Überstunden im Büro. Vermutlich bekommen Sie dafür mehr als ein Umzugshelfer in der gleichen Zeit – doch der ist schneller, und es schont Ihren Rücken.

D. Verkaufen Sie Ihr Wissen an eine Quiz-Show im Öffentlich-Rechtlichen.

E. Vermieten Sie Ihre neue Wohnung an Filmteams. Faustregel: Pro Drehtag bekommt man dafür eine Monatsmiete.

F. Erfinden Sie eine neuartige Technik, mit der man Umzugsgut per Internet von einem Ort zum anderen beamen kann.

→ 005.06 Auf die Hilfe von Freunden verzichten, → 003.06 Erste Hilfe für hässliche Bäder

→ EXTRA 4: Ehrenkodex von Umzugshelfern

Gute Umzugshelfer sind ehrenhafte Menschen, die der Spedition, bei der sie arbeiten, ein polizeiliches Führungszeugnis vorgelegt haben. Ihre Grundsätze sind:

1

EHRLICHKEIT

2

WERTSCHÄTZUNG FREMDEN EIGENTUMS
UNABHÄNGIG VON SEINEM WERT

3

ALLE DINGE AUF HÄNDEN ZU TRAGEN

Tipp: Wenn Ihr Job Sie schon längst nervt, Sie nun bei Ihrem Umzug Blut lecken und fortan täglich umziehen wollen: Der Beruf des Umzugshelfers hat Zukunft. An der Marcel-Breuer-Schule in Berlin werden derzeit etwa 95 junge Menschen in einem dreijährigen Lehrgang entsprechend ausgebildet. Offiziell heißen sie „Fachkräfte für Küchen-, Möbel- und Umzugsservice" – sie selbst nennen sich einfach „die Kartons". Die Auszubildenden bekommen beigebracht, in Rekordzeit einen dreitürigen Kleiderschrank aufzubauen, sie lernen außerdem Spezialknoten und wie man Klaviere in den dritten Stock trägt oder Kristallgläser so verpackt, dass man sie aus dem Fenster werfen kann, ohne dass es klirrt. Ferner stehen im Lehrplan Hebe- und Tragetechniken und so genannte Übersee-Embalagen: Für ferne Länder gelten andere Verpackungsvorschriften als innerhalb Europas, und Schäden durch Salz- und Kondenswasser oder raue See müssen selbstverständlich ebenfalls vermieden werden. Auch an anderen Orten Deutschlands gibt es mittlerweile Möglichkeiten der Ausbildung und Umschulung: Fragen Sie Ihren Spediteur.

INTERNO 19

→ EXTRA 5: Umzug mit Kindern

Die Erwachsenen freuen sich auf die schicke Dachterrasse, auf den schönen Altbau, auf mehr Platz, ein neues Viertel. Wenn Kinder umziehen sollen, finden sie das in der Regel erst einmal doof. Viele Kinder haben vor der Veränderung Angst. Freunde, Kinderzimmer, Nachbarskatze – alles ist ja erstmal weg. Um Kinder dazu zu bringen, dennoch mitzumachen, sollte man ein paar Regeln beachten.

Umzüge mit Kindern, die noch nicht zur Schule gehen, sind noch am einfachsten. Sind die Eltern in der Nähe, sind kleine Kinder glücklich.

Bei Schulkindern, die auch die Schule wechseln müssen, muss man damit rechnen, dass es ein, zwei Monate dauert, bis sie sich in der neuen Klasse eingewöhnt haben – neue Freunde, neue Lehrer, andere Lerninhalte; das ist viel. Seien Sie ein bisschen lässig, erlauben Sie nach dem Umzug den Kindern gleich, neue Klassenkameraden einzuladen oder eine Sportart zu lernen. Aber auch schon vor dem Umzug sollten Sie beobachten, wie Ihr Kind auf den bevorstehenden Wechsel reagiert. Geben Sie daher den Lehrern Bescheid, damit sie mit Verständnis reagieren können.

Jugendliche verstehen zwar oft schon, warum die Familie umziehen will oder muss. Aber die meisten von ihnen freuen sich erstmal nicht rasend auf den Wohnungswechsel. Sich irgendwo neu einzuleben in der Zeit, da man nicht mehr Kind ist und noch nicht erwachsen, fällt das besonders schwer. Rechnen Sie mit Widerstand.

Für alle Kinder gilt: Versuchen Sie, Ihren Kindern möglichst viel vom Umzugsstress zu ersparen. Selbst wenn Sie nur ein paar Straßen weiterziehen; die Lebenswelt von Kindern kann ein Umzug radikal verändern. Seien Sie ein bisschen toleranter, hören Sie geduldig zu, nehmen Sie sich Zeit.
Aber lassen Sie die Kinder nicht mit entscheiden. Denn a. kommen Sie so alle raus aus der alten Wohnung und b. überfordert derlei jedes Kind. Ob umgezogen wird und wohin, entscheiden die Eltern.
Sobald alles sicher ist, sollten Sie mit den Kindern über den anstehenden Umzug sprechen. Versuchen Sie, ihnen die Gründe für den Wechsel verständlich zu machen. Erkunden Sie mit ihnen das neue Haus, die neue Umgebung: Wo sind die nächsten Spielplätze, wie ist der Weg zu Kita und Schule? Was gibt es in dem neuen Viertel Tolles zu entdecken? Was ist dort schöner? Und wie sehen die neuen Kinderzimmer aus?

Links: Lassen Sie Kinder ihre Siebensachen selbst verpacken. Das hilft gegen Umzugsangst.

Binden Sie Ihre Töchter und Söhne dann in die Vorbereitungen mit ein. Die Kinder müssen wissen, was auf sie zukommt. Lassen Sie sie ihre Siebensachen selbst verpacken. Kleinere wie größere Kinder haben oft Angst, dass Ihre Dinge verschwinden oder beschädigt werden. Können sie sie selbst verpacken, geht es vielen damit besser.
Motivieren Sie Ihre Kinder, Sachen auszusortieren. Sprechen Sie mit ihnen darüber, dass es Kinder gibt, die weder Puppen noch Gameboys besitzen und verschenken Sie etwas (das machen Kinder meist auch gern). Oder bringen Sie die aussortierten Dinge gemeinsam zu einer Hilfsorganisation. Das gilt auch für Kleidung: Jacken, Hosen, Schuhe, die nicht mehr passen, dürfen nicht mit in die neue Wohnung. Je weniger Umzugsgut, desto besser.

Falls Sie Möbel bestellen: lieber erstmal nicht fürs Kinderzimmer. Eine neue Wohnung, ein neuer Ort, ein neues Zimmer – und dann noch eine andere Einrichtung: Das ist für viele Kinder schlicht zuviel des Neuen. Lassen Sie ihnen ein paar Sachen, an denen sie sich festhalten können. Und: Kinder sollten bis zuletzt einen möglichst normalen Alltag haben; natürlich also zur Schule gehen, aber auch zur Klavierstunde, zu Kindergeburtstagen, zum Fußballtraining.
Ziehen Sie weiter weg, ist das Abschiednehmen von Freunden, Nachbarn, vielleicht den Großeltern wichtig. Sorgen Sie für ein schönes Fest.
Am Umzugstag selbst sind kleinere Kinder meist besser bei Freunden oder Verwandten aufgehoben. Für manche Kinder ist es jedoch auch gut, wenn sie sehen, wie die Dinge von A nach B wandern. Wenn Sie meinen, dass Ihr Kind alt genug ist und es am Umzugstag dabei sein soll: Geben Sie ihm Aufgaben. Nach dem Umzug gehen Sie gemeinsam zu den neuen Nachbarn, erobern Sie die Gegend. Besuchen Sie mit Ihren Töchtern und Söhnen das Schwimmbad, fahren Sie auch mit größeren Kindern mal mit der U-Bahn oder dem Rad zur Schule. Schauen Sie, ob sich ein Malkurs, ein Sportverein oder Chor findet; etwas eben, was Ihrem Kind richtig Spaß machen könnte.
Kümmern Sie sich um neue Kontakte – und pflegen Sie auch die alten: Es ist schön, wenn Sie nach dem Umzug mit Ihren Kindern ab und an den alten Wohnort besuchen, und Kinder sollten, je nach Alter, Briefe malen und schreiben und telefonieren dürfen.

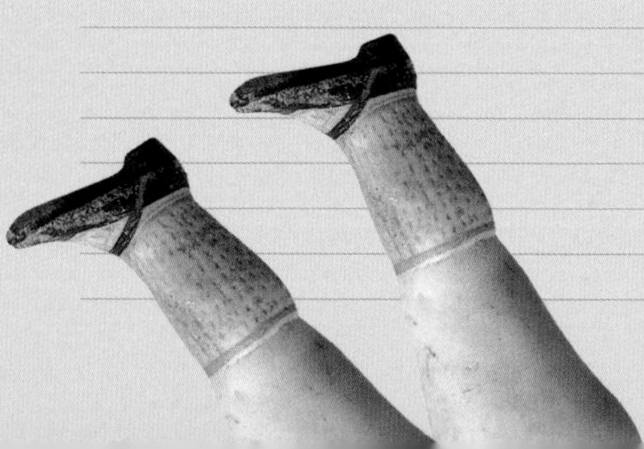

Er hat nichts gegen das Umziehen. Auch Fische, Vögel, Meerschweinchen machen generell keine größeren Fisimatenten. Katzen schon.

Umzug mit Hund, Katze, Maus

Zum Umzug mit Haustieren gibt es ein paar Dinge zu wissen. Hier das Wichtigste:

- *Hunde:* finden Umziehen meist toll. Hauptsache, Sie sind in der Nähe.

- *Katzen:* sind anders als Hunde. Man kennt diese Geschichten von Miezen, die ausbüchsen und 237 Kilometer zurück an den alten Wohnort laufen. Riskieren Sie das nicht. Für den Transport nehmen Sie einen handelsüblichen, fluchtsicheren Katzenkäfig. Sprechen Sie beruhigend auf Ihr Tier ein und tragen Sie es selbst. Ziehen Sie weit weg, muss die Toilette mit ins Auto, hilft nichts. In der neuen Wohnung sollten Sie Ihre Mietze erst einmal in einen ruhigen Raum sperren, in dem sie wiederfindet, was sie von zu Hause kennt: die liebste Decke, ein Kissen, den Fressnapf, was zum Spielen. Lassen Sie die Katze erst die Wohnung erkunden, wenn alles wieder ruhig ist. Ins Freie sollte sie sogar erst nach einigen Wochen, sonst nimmt sie wohlmöglich Reissaus. Verwöhnen Sie sie nun ruhig ein wenig, sodass sie das Leben in der neuen Wohnung richtig klasse findet. Tierärzte wissen: Manchen Tieren helfen Bachblüten-Notfalltropfen gegen den größten Stress. Einfach aufs Köpfchen tröpfeln.

- *Kleintiere:* Fische, Vögel, Mäuse, Meerschweinchen oder Hamster machen beim Umziehen generell keine größeren Probleme. In welcher Wohnung sie gerade sind, bekommen sie vermutlich gar nicht richtig mit. Etwas unangenehm für sie ist allerdings der Transport: Vermeiden Sie soweit es geht, dass die Tiere in den Umzugsstress miteinbezogen werden und bereiten Sie ihnen gemütlich eingerichtete Pappkartons mit sauberem Streu und ausreichend Futter für die Reise. Denken Sie an genügend Luftlöcher. Für Fische nehmen Sie statt eines Kartons ein artgerechtes Behältnis.

Tipp für alle Tiere: Ziehen Sie mit Ihrem Tier ins Ausland, machen Sie sich bei den jeweiligen Landesvertretungen schlau, was es zu beachten gilt. Dort weiß man beispielsweise, ob spezielle Impfungen oder Quarantäne-Aufenthalte verlangt werden. Wer umzieht, tut auch gut daran zu wissen, dass es ein internationales Fundbüro für Findeltiere gibt: Die Tasso-Zentrale, so der Name, registriert Haustiere kostenlos. Falls Ihr Haustier beim Umzug im In- oder Ausland verloren gehen sollte oder es auf der Autobahnraststätte ausbüchst, kann es über diesen Suchdienst vielleicht gefunden werden, die Chancen sind gut. Ist Ihr Tier bereits dort gemeldet, müssen Sie der Tasso-Zentrale Ihre neue Anschrift mitteilen. → 001.02 Wollen Sie mit der Wohnung gleich das Land verlassen?

005.10

Wie ein Mönch leben, cool bleiben

Was brauchen Sie wirklich zum Leben? Die Tage vor und nach dem Umzug sind wie geschaffen, auf diese Frage eine Antwort zu suchen. Es sind Tage mit einem starken Bezug zu Meistern der Moderne wie Mies van der Rohe, dessen berühmter Satz „weniger ist mehr“ eine Hymne auf das Fast-Nichts ist.

All Ihre Dinge sind nun langsam verpackt und weggestapelt, sie warten darauf, in die neue Wohnung zu kommen: Die Auswahl an Kleidungsstücken und Halsketten ist nun entsprechend begrenzt, von 100 Paar Schuhen sind nur noch zwei übrig, Tiefkühltruhe und Kühlschrank sind leer, Bücher, Bilder, Badezimmerutensilien verstaut. Nervös? Sie haben keinerlei Grund! Genießen Sie den coolen Zustand von Leere und Nicht-Wählen-Müssen.

Weniger ist mehr. In den Tagen vor dem Umzug können Sie eigene Erfahrungen damit machen.

endlich!

— 006 —

RAUS MIT STIL

Grüße aus dem großen Zimmer! Wohnung am Prenzlauer Berg.

006.01
Noch schnell ein paar Bilder von der alten Wohnung machen

Kaum reisen wir für ein langes Wochenende an die Ostsee oder ins Allgäu, beginnen wir, Postkarten zu verschicken. Allen zeigen wir, wo wir zwei Nächte geschlafen haben. Überhaupt nichts dagegen einzuwenden, aber: Wieso machen wir dasselbe nicht auch dort, wo wir Jahre und gar Jahrzehnte verbringen? *Es ist nun fast schon zu spät dafür, Ihr Hab und Gut schon in den Kisten. Aber machen Sie doch trotzdem schnell ein paar letzte Bilder von Ihrer alten Wohnung.* Retten Sie die Erinnerung an diese Räume. Vermutlich haben Sie hier ein gutes Stück Ihrer Lebenszeit verbracht, waren oft glücklich, manchmal wütend, ein paar Mal zu Tode betrübt, und immer war dieser Ort Zeuge.

006.02
Haben Sie noch Schulden bei den Nachbarn?

Schulden zu haben ist extrem unangenehm. Darum: Bevor Sie ausziehen, denken Sie kurz mal scharf nach. Haben Sie Baumeisters die ausgeliehene Kuchenform zurückgegeben? Die Zweitschlüssel, die Sie von Herrn Schwertner hatten? Haben Sie Frau Ahlers mal zum Essen eingeladen, dann aber doch nie einen Termin genannt? Wenn Ihre Nachbarn Ihnen nicht einen triftigen Grund geliefert haben: Sprechen Sie diese Dinge zumindest an. Starten Sie nach dem Umzug unbelastet in der neuen Wohnung, mit völlig neuen Nachbarn.

→ 013.02 Was sich im Mehrfamilienhaus (und auch sonst) nicht gehört

Bild der alten Wohnung einkleben,
ausschneiden, verschicken.

Bild der alten Wohnung einkleben,
ausschneiden, verschicken.

Grüße aus der alten Wohnung!

Grüße aus der alten Wohnung!

Der letzte Tag, der letzte Abend

Noch haben Sie Gelegenheit, bislang Versäumtes nachzuholen: Tun Sie Dinge, die in den vergangenen Jahren zu kurz kamen. Was im Einzelnen das ist, wissen Sie besser. Hier einige Anregungen:

1) eine Dosenbierparty schmeißen,
2) schauen, ob das riesige pinke Bild nicht all die Jahre doch besser im Schlafzimmer gehangen hätte,
3) endlich mal Sex auf dem Küchentisch,
4) ein Picknick auf dem Balkon, vor dem Kamin, in der Badewanne,
5) Liebesschwüre an die Wände pinseln,
6) bei den Nachbarn klingeln, die so nett aussehen, die man aber bis heute nicht kennt,
7) aus allen Resten im Kühlschrank eine Mahlzeit kreieren, dazu den letzten Wein trinken, ganz allein,
8) mal so richtig laut Musik hören,
9) alle Freunde und Kollegen einladen, die Sie entgegen aller Versprechungen nie zu Hause besucht haben, mit allen auf dem Boden sitzen,
10) das Bett ins Wohnzimmer rücken, weil man dort beim Aufwachen am Umzugstag einen schöneren Blick hat,
11) dem Kellner im Café nebenan noch schnell sagen, dass er ein richtig guter Typ ist und an sich auch immer schon war,
12) Schiffe versenken an der Wand im Flur spielen.

Ihre neue Wohnung ist noch nicht bezugsfertig? Parken Sie den Lieferwagen so lange in der Tiefgarage eines schönen Hotels. Und lassen sich das Frühstück ans Bett bringen.

006.04

Einige Tage im Hotel überbrücken

Möglicherweise wird Ihre neue Wohnung oder Ihr neues Haus nicht pünktlich bezugsfertig. Dann müssen Sie zu Freunden auf die Couch, im Park schlafen oder für ein paar Tage ins Hotel. Letzteres kostet.

Im „Hotel Vier Jahreszeiten" an der Hamburger Binnenalster für zwei etwa Folgendes:

- Presidental Suite .... 28.000 Euro die Woche (260 Quadratmeter, mit Butler- und Limousinen-Service, umfangreichem Kosmetikangebot und einer „Full Bar", also feinsten Spirituosen und Champagner, und mit Frühstück),
- in einer Junior Suite mit Fenster zum Hof .... 3325 Euro die Woche,
- Lieferwagen parken .... 175 Euro die Woche.

In Berlin macht man mit dem „Adlon" nichts verkehrt. Die Preise für eine Woche:

- als Paar in einer Junior Suite .... 6300 Euro,
- als vierköpfige Familie in einer Suite mit zwei Schlafräumen .... 9100 Euro,
- oder in zwei Doppelzimmern mit Verbindungstür .... 6300 Euro,
- als Paar in der Präsidentensuite .... 70.000 Euro. Chauffeur- und Limousinen-Service sind hier inklusive und auch ein Butler, der rund um die Uhr zur Verfügung steht. Dieser bereitet nicht nur Cocktails und Tee, sondern begleitet auch gern zur Abnahme der alten Wohnung und zu Bankterminen. Die Zeitung wird für Sie gebügelt, damit Sie sich beim Umblättern der Seiten nicht mit Druckerschwärze beschmutzen. Der Butler packt Ihre Sachen in eine Umzugskiste – mit Seidenpapier zwischen den Hemden und weichen Säcken für die Schuhe. Er bindet Ihnen die Fliege, schließt die Perlenkette und tippt für Sie den Antrag auf Rückerstattung der Courtage für Ihre alte Wohnung.

Frühstück allerdings geht im „Adlon" extra:

- Kontinentales Frühstück .... 28 Euro,
- Feinschmecker-Frühstücksbuffet .... 36 Euro.

Kommen Ihr Dackel und der Kater auch mit, so kostet dies pro Tier und Nacht 50 Euro extra. Futter wird nach Art der Bestellung gesondert berechnet: etwa Huhn mit Reis à 26 Euro, Rinderfilet mit Reis und Gemüse à 36 Euro oder Lamm mit Reis und Gemüse à 35 Euro. Haben Sie einen Lieferwagen voller Umzugsgut dabei, der vorübergehend sicher in der Adlon-Tiefgarage parken soll, so fallen 25 Euro pro Tag an. → 005.09 Umziehen mit Hund, Katze, Maus, → 003.09 Wann eine Wohnung oder ein Haus bezugsfertig ist

ZWISCHEN ALLEN STÜHLEN

007

DER TAG DES UMZUGS

007.01

Gut schlafen, gut frühstücken

David Schleiermacher, Hausarzt in Berlin-Friedrichshain, hält von Schlaftabletten gar nichts. „Probieren Sie's mit Hopfentee", empfiehlt er, „und oft reicht auch schon ein Becher warme Milch mit etwas Honig." Weitere Mittel, die beim Einschlafen helfen, wenn Sie vor dem Umzugstag vor lauter Aufregung nicht zur Ruhe kommen, sind Bachblüten-Rescue- und Baldrian-Tropfen. „Oder Sie zählen ganz klassisch die Schäfchen", so der Doktor.

Aber wir gehen davon aus, dass es all sowas bei Ihnen gar nicht braucht, Sie stattdessen am Morgen des Umzugstages erfrischt aufstehen (am besten etwa zwei Stunden, bevor die Umzugshelfer kommen), Bettzeug und Pyjama verstauen, beim Bäcker frische Brötchen für alle holen und froh sind, dass es nun endlich losgeht. Frühstücken Sie gut, und sparen Sie heute einfach mal nicht an Kohlenhydraten.

007.02

In die Badewanne!

Nein, Sie sind erst heute Abend dran. Doch in der Umzugsbranche gibt es eine Regel, die für den Tag des Umzugs ziemlich praktisch ist: All jene Dinge, die von den Helfern nicht mitgenommen werden sollen – beispielsweise Ihre Überlebenstasche, der Hamster, ein Bild, das Sie lieber selbst tragen möchten, Ihre Jacke –, kommen in die Badewanne. Jeder Umzugsprofi weiß: *Was in der Wanne liegt, transportiert der Auftraggeber selbst, das darf nicht mitgenommen werden. Und gibt es keine Badewanne, nimmt man einfach die Dusche.*

Tipp: Richtig Wertvolles sollten Sie nicht in die Wanne legen. Auch wenn Umzugshelfer in aller Regel vertrauenswürdige Menschen sind – am Tag des Umzugs herrscht viel Trubel. Deponieren Sie daher einen Koffer mit Papieren, wichtigen Unterlagen, Geld lieber an einem Ort, wo nichts wegkommen kann. Im Kofferraum Ihres Autos, bei netten Nachbarn – irgendwas fällt Ihnen da schon ein. → 005.04 Brauchen Sie noch eine Versicherung?, → 005.05 Die Kriminalpolizei rät, → Extra 4: Ehrenkodex von Umzugshelfern

Kost für den Tag und alle, die helfen: Bereiten Sie für die ganze Mannschaft einen unkomplizierten Imbiss vor. Hier Dinge, die Kraft geben und eigentlich jedem schmecken:

① Laugenbrezeln (auch: Bretzel, Brezl, Breze, Brezn, Bretzet oder Bretzga, also: ein Stück Laugengebäck mit Butter), ② Käsestullen, ③ Äpfel, Karotten, Erdbeeren (oder was gerade wächst, alles geputzt und schon klein geschnitten), ④ Bananenmilch, ⑤ Schokolade, ⑥ Nüsse und Trockenobst, vielleicht bereits eine ordentliche Kartoffelsamtsuppe. → 010.03 Stilvoll kochen und essen ohne Kaviarschaufel und Mandoline

BAUHAUS

007.03

Dinge, an die Sie heute nicht denken sollten

Wer umzieht, muss an vieles denken. Es gibt jedoch auch Dinge, an die Sie heute keinen einzigen Gedanken verschwenden sollten. Dazu zählen:

1.) die Umsatzsteuererklärung,
2.) Zahnarzttermine für die Kinder,
3.) die Erderwärmung,
4.) Kohlenhydrate,
5.) welche Arbeit es machen wird, all die Kisten wieder auszupacken.

007.04

Praktisch kleiden und dabei nicht doof aussehen

Ziehen Sie um, erwartet kein Mensch von Ihnen, dass Sie wie aus dem Ei gepellt durchs Chaos wirbeln, denn natürlich hängt die Kleidung stark von der Arbeit ab: Wer Kisten schleppt, trägt keinen Anzug und kein Kostüm, das wäre affig. Auch wenn Sie schleppen lassen, wäre es unangebracht, auszusehen wie zum Vorstellungsgespräch. *Kleidungsregeln im herkömmlichen Sinn können Sie für heute getrost vergessen. Nicht aber das ungeschriebene Gesetz, am besten einfach immer gut auszusehen.*

Machen Sie nicht viel Trara, nehmen Sie doch einfach eine gut sitzende Jeans, die kann alles ab und sieht selbst mit Flecken noch toll aus. Vielen Menschen stehen bei körperlicher Arbeit anliegende T-Shirts oder Herrenhemden mit hochgekrempelten Ärmeln. Ob das auch bei Ihnen so ist, entscheiden Sie selbst. Tragen Sie bequeme Schuhe, Sportschuhe am besten. Und dann denken Sie heute nicht weiter über das Thema Kleidung nach.

Allerdings, auf eine Sache sei noch hingewiesen: Ein Umzug kann auch eine prima Gelegenheit sein, Dinge aufzutragen. Diese Sitte ist leider etwas aus der Mode gekommen, heute jedoch könnten Sie sie aus der Klamottenkiste holen: „Die einst ach-so-teure Kaschmirjacke steht Ihnen auch mit Loch am Ellenbogen ausgezeichnet", weiß die preisgekrönte Berliner Modedesignerin Bianca Koczan. Und die Röhrenhose aus Wildseide, die Ihnen Ihre Mutter mal geschenkt hat? Könnten Sie nach dem Umzug besten Gewissens entsorgen. Streifen Sie Arbeitshandschuhe über, die wirken zupackend und irgendwie sexy. *Seien Sie praktisch, aber vermeiden Sie es, modisch das zu sein, was man eine dröge Nuss nennen würde.* Das macht schlechte Laune. →007.03 Dinge, an die Sie heute nicht denken sollten

Links: Machen Sie sich sonst Gedanken wegen der Kaution, über die Finanzierung oder die überfällige Steuererklärung. Jedoch nicht heute. Heute haben Sie zu viel um die Ohren.

007.05

Das Auto bepacken

Das Wichtigste ist schnell gesagt: Erst kommen alle Kisten ins Auto, dann die Möbel. Letztere müssen üppig in 2,50 Meter große quadratische Packdecken eingewickelt werden – mindestens 100 Decken braucht man für einen Lkw. Gesetzlich vorgeschrieben ist die Entladesicherung mit Profi-Gurten. Ordentliche Speditionen verstehen sich darauf.

Kommen alle Kisten mit einer Fuhre mit? Auch Wissenschaftler beschäftigen sich mit dem „Packing" – hier keine Tapetenidee für Ihre neue Küche, sondern die ideale Lösung eines Problembeispiels aus der Dissertation der Engländerin Eva Hopper.

Besonders wenn der Weg zum neuen Heim weit ist, wird man versuchen, alles mit einer Fuhre wegzubekommen. Gut gepackt ist halb dort! *Wichtig:* Möbelbeschläge, Schlüssel, Klammern, Schrauben und Scharniere sollten sortiert nach Möbelstücken in einen gut beschrifteten großen (!) Umzugskarton, der zuletzt in den Umzugswagen kommt. Auch eine extra Schlüsselbox geht – sie ist auffällig genug, sodass sie nicht verschüttgehen kann. Sehen Sie zu, dass diese Schachtel als Erstes griffbereit ist. Denn Beschläge, Schrauben und Scharniere braucht es, um die Möbel aufzubauen.

Links: Nun erst Kisten und Kartons in den Umzugswagen, dann die Möbel.

So viel zum ganz praktischen Bepacken eines Autos. Nun wird es etwas komplizierter: *Dr. Andreas Bortfeldt von der Fern-Universität Hagen beschäftigt sich wissenschaftlich mit Fragen des „Cutting und Packing“*. Auf Seite 129 ein Beispiel für ein Packmuster, das entfernt an Piet Mondrian erinnert und illustriert, was Herr Dr. Bortfeldt macht. Er erläutert die Aufgabe: „Gegeben ist ein Streifen mit definierter Breite und unendlicher Länge und eine Menge kleinerer Rechtecke. Alle Rechtecke sollen in dem Streifen platziert werden. Es darf keine Überschneidungen geben, jedes Rechteck muss ganz im Streifen liegen, und jedes Rechteck soll parallel zu den Streifenkanten liegen, nicht schräg. Gesucht ist eine solche Platzierung aller Rechtecke, bei der die Streifenlänge so klein wie möglich ist.“ Man nenne das Ganze auch ein *Strip-Packing-Problem*. Das Bild auf Seite 129 zeigt die Lösung eines Problembeispiels aus der Dissertation der Engländerin Eva Hopper. Ihre Lösung ist optimal (es gibt also keine bessere).

Spielereien ohne Realitätsbezug? „Ganz und gar nicht, wenn man etwa an das Beladen eines Trucks mit quaderförmigen Stücken denkt und noch Folgendes annimmt“, sagt Dr. Bortfeldt:

1.) Für jedes Stück steht das als Höhe zu wählende Maß fest,
2.) Die Stücke dürfen – etwa aus Stabilitätsgründen – nicht übereinandergestapelt werden.

Unter diesen Prämissen läuft die Frage, wie viele Meter Laderaum (von vorn nach hinten gemessen) man für eine gegebene Menge von Stücken benötigt, geradezu auf ein zweidimensionales Strip-Packing-Problem hinaus. Und das kann eine relevante Frage für die Spedition sein: *Kommt alles mit nur einer Fuhre mit?*

Man sieht: Was sehr schwierig klingt, kann ganz handfest sein. → 005.02 Einen Lkw mieten, den Sie auch fahren dürfen, → 004.02 Was wie einpacken?

Rechts: Im Umzugswagen, so will es auch der Gesetzgeber, sollte man mit speziellen Gurten die Ladung sichern. Haben Sie eine Spedition, brauchen Sie sich bei dieser Frage nicht aufzuhalten.

007.06

Den Kühlschrank von A nach B bringen

Der Kühlschrank, denkt man immer, sei in Sachen Umzug ein heißes Eisen. Stimmt eigentlich gar nicht. Kerstin Triebener von Bauknecht Hausgeräte in Stuttgart sagt, was man beachten muss:

1.) Vor dem Transport alle Glasplatten aus dem Kühlschrank nehmen.
2.) Die Tür mit einem Klebeband oder Gurt fixieren.
3.) Den Kühlschrank möglichst stehend transportieren, damit das Öl aus dem Kompressor nicht in den Kältekreislauf fließen kann. Muß der Kühlschrank liegend transportiert werden, dann sollte man ihn wenigstens auf die Seite legen, auf welcher der Kompressor montiert ist.

Wirklich wichtig: Lassen Sie den Kühlschrank in der neuen Küche mindestens zwei Stunden stehen, bevor Sie ihn wieder anschließen. → 002.08 Einen Teil der Ausstattung übernehmen und weitergeben

007.07

Ein Klavier tragen

Lassen Sie das. *Klaviere sind nicht geeignet für einen Transport auf eigene Faust.* Klavier- und Flügelträger jedoch bringen die schweren Instrumente selbst dann in den achten Stock, wenn der Fahrstuhl zu eng dafür ist. Je nach Klavier und Treppenhaus übernehmen das zwei bis vier Männer mit vielen Muskeln – und speziellen Tragegurten.

Tipp: Denken Sie bitte daran, vor dem Transport den Luftbefeuchter aus dem Instrument zu entfernen. Und auch das ist wichtig: Bevor Sie das Klavier neu stimmen lassen, sollte es sich mindestens eine Woche am neuen Standort akklimatisieren können. Aber das wird Ihnen auch der Spediteur sagen, der den Transport übernimmt.

Dinge, die in der alten Wohnung bleiben: Gibt es eigentlich nicht. Oder nur ganz wenige. Denken Sie daran, dass Sie Ihre alten Räume noch an den Vermieter oder Käufer übergeben müssen. Eventuell habe Sie sie zu renovieren, davon später. In jedem Fall jedoch müssen Sie wischen: Schrubber, Eimer, Wischmopp (auch „Französischer Mopp“ genannt), Allzweck-, Edelstahl-, Fliesen- und Fugenreiniger und auch den Staubsauger können Sie also noch an Ort und Stelle lassen. Ganz zu schweigen von solchen Dingen, die Ihnen nicht gehören – Badezimmerarmaturen etwa. Derlei mitzunehmen, gehört sich selbstverständlich nicht und macht Ärger.

EINE KISTE RICHTIG TRAGEN:

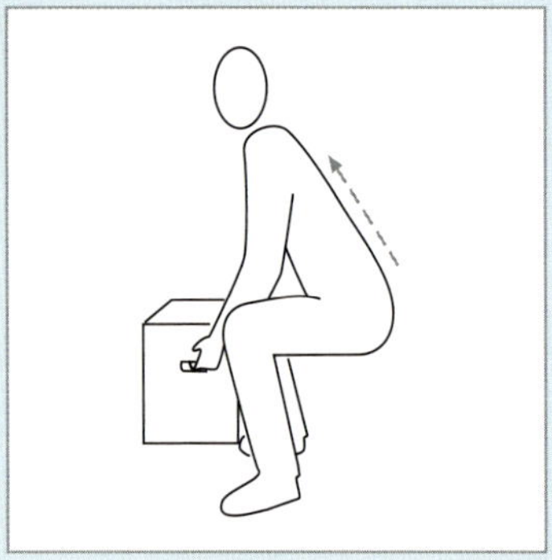

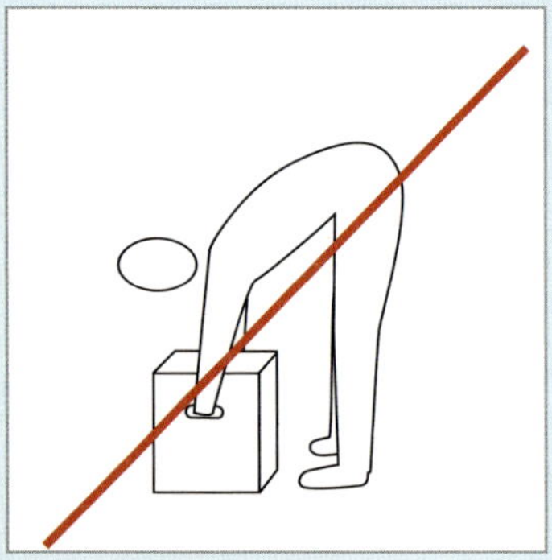

Nie vornübergebeugt eine Kiste anheben, stets nur aus den Beinen heraus. Gehen Sie in die Hocke und fassen Sie das Gewicht mit beiden Händen. Nie ruckartig aufnehmen und absetzen.

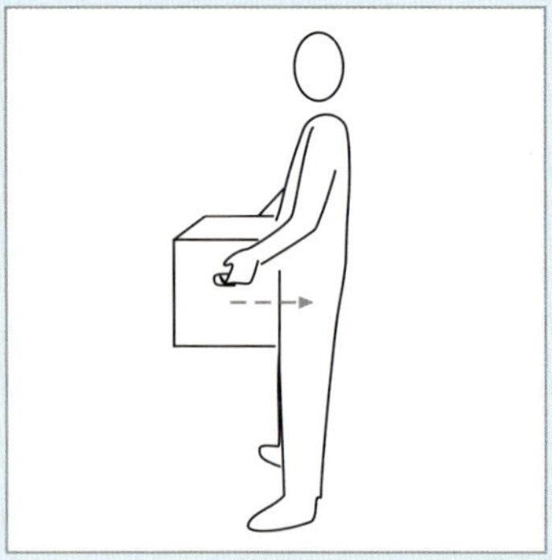

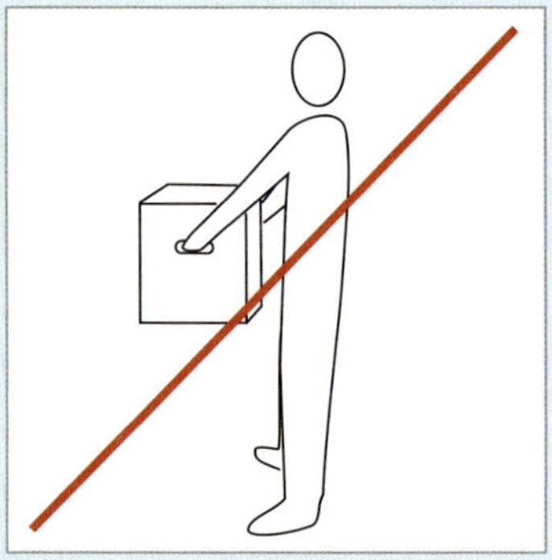

Die Kiste dicht am Körper halten. Rücken durchstrecken – sonst schadet dies Lendenwirbelsäule und Bandscheibe. Nie zu schwer tragen: Frauen nicht mehr als 15 Kilo, Männer bis zu 25 Kilo.

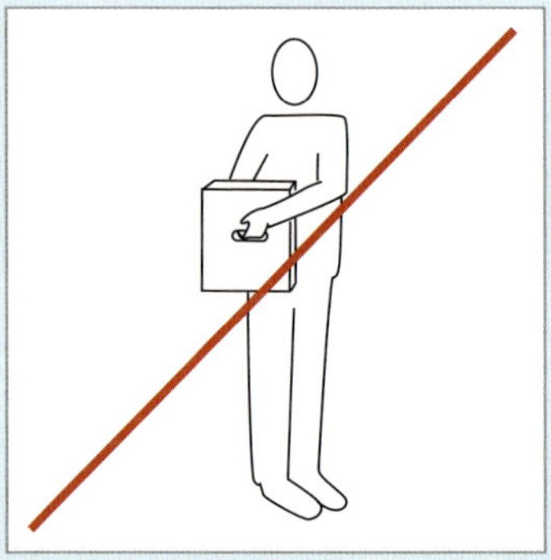

Während des Hebens oder Abstellens einer Kiste nie den Oberkörper drehen, das schadet dem Rückgrat. Besser: einen Schritt mehr machen und den ganzen Körper drehen.

Kein Christo, nur das solide Werk von Umzugshelfern: zwei ordentlich verpackte Sofas.

007.08

Das Umzugsgut in der neuen Wohnung verteilen

Vertrauen Sie der Erfahrung von Profis. Und die raten, es zu machen wie folgt:
1. Entsprechend der Pläne[3] alle Möbel in die jeweiligen Zimmer tragen und dort aufbauen.
2. Die Kartons in die richtigen Räume sortieren, peu à peu auspacken. → 003.12 Einen Grundriss mit Möbeln zeichnen, → 011.01 Jedes Ding braucht einen Platz, → 004.05 Ordentlich beschriften

3 Nicht vergessen: Ihre Pläne sollten Sie an die Eingangstür oder in den Flur hängen, damit alle auf einen Blick sehen können, was wohin kommt.

007.09

Beim Schleppen zusehen ohne schlechtes Gewissen

Wenn Freunde helfen, sollten Sie sich nicht drücken. Dann kann allein ein Gipsfuß oder etwas, was dem gleichkommt, Sie vom Kistentragen entbinden. Wenn Sie jedoch Dritte dafür bezahlen, brauchen Sie nichts zu tun: „Wir sind Dienstleister, das ist unser Beruf!", sagt Claus Steck, Berliner Niederlassungsleiter der Spedition Walter-Umzüge. Doch Herr Steck hat Tipps parat für ein paar andere Dinge, die Sie tun können, wenn Sie den Helfern die Arbeit erleichtern und sie bei bester Laune halten wollen:

- für Brötchen, Kaffee, Kuchen sorgen,
- sich vorher gut überlegen, alles ausmessen: Wo kommt was hin?,
- rechtzeitig zum Abladen in der neuen Wohnung sein.

→ Extra 4: Ehrenkodex von Umzugshelfern, → 005.08 Profis finanzieren, → 007.11 Wie viel Handgeld für die Helfer?

Links: Wer darf anpacken? Es gibt tatsächlich Menschen, die freuen sich, wenn sie Ihre Kisten tragen dürfen. Es ist schließlich ihr Beruf. Sorgen Sie nur für den Rest.

007.10

Wenn beim Umziehen etwas passiert

Hoffentlich ist es nur ein Sachschaden, Dinge lassen sich ersetzen. Erste Pflicht: nicht ärgern. Malheurs gehören dazu, irgendwann können Sie darüber lachen. Haben Sie eine Spedition beauftragt, ist das von Vorteil. Melden Sie den Schaden schnell, das sichert Ihre Ansprüche. Offensichtliche Schäden müssen Sie am Tag nach dem Umzug melden, für verdeckte Schäden haben Sie zwei Wochen Zeit. Bei offensichtlichen Schäden sollten Sie das Unternehmen nur unter Vorbehalt bezahlen.

→ 007.09 Beim Schleppen zusehen ohne schlechtes Gewissen, → 005.04 Brauchen Sie noch eine Versicherung?, → 004.02 Was wie einpacken?

007.11

Wie viel Handgeld für die Helfer?

Der Beruf des Möbelpackers zähle „eindeutig zu den Trinkgeldberufen“, sagt Inge Wolff, Vorsitzende des Arbeitskreis Umgangsformen International. „Für gute Arbeit freundlich zu danken, und während des Umzugs etwas zu trinken anbieten – wenn die Küche schon funktioniert, auch einen Kaffee kochen –, das ist mindestens so wichtig, wie ein Trinkgeld zu geben.“ Feste Sätze gebe es nicht, „das hängt davon ab, wie viel Arbeit zu erledigen ist und wie viele Helfer Sie haben“, sagt die freundliche Fachfrau für gutes Benehmen. Eine Faustregel, die man nicht von ihr, jedoch in der Umzugsbranche immer wieder hört: nicht unter fünf Euro pro Mann und Tag. Wenn man es sich leisten kann.

007.12

Bevor die kräftigen Männer gehen

Gibt es noch einen Schrank anzudübeln oder eine Vorhangstange? Soll der Flügel nicht doch ein Stück weiter nach rechts? Muss die Arbeitsplatte angepasst werden? Passt der Küchenschrank oder das Regal wider Erwarten nicht in die vorgesehene Nische und gehört nun von den Fachleuten der Spedition noch schnell um zwei Zentimeter gekürzt? Nach dem Umzug sind Sie müde, um nicht zu sagen hundemüde. Allerdings: *Alles, was jetzt noch von den Profis und anderen starken Jungs vor Feierabend getan werden kann, wird Sie morgen vermutlich sehr freuen. Sie haben es dann einfach hinter sich.*

Rechts: Ein Klingelschild brauchen Sie. Es aus Salzteig zu backen, ist aus der Mode gekommen. Auch eine Aufschrift wie „Hier lieben, streiten und versöhnen sich Uwe und Marion“ ist – sagen wir: mutig.

— 008 —

DER ERSTE ABEND, DIE ERSTE NACHT

008.01

Eine Weinflasche ohne Korkenzieher öffnen

Eine wirklich ganz dumme Situation: Sie sitzen zwischen all Ihren Kisten, müde, aber glücklich, dass es geschafft ist; der erste Abend in Ihrer neuen Wohnung. Ein Grund zur Freude.

Ihr Überlebenskoffer mit den notwendigsten Dingen liegt vor Ihnen, die Musik ist schon angeschlossen – da stellen Sie fest: Sie haben zwar eine gute Flasche Wein und sogar ein Glas dafür, aber keinen Korkenzieher, kein Kellnermesser, nichts. Steckt alles in einer der vielen Kisten mit der Aufschrift „Küche", auf der Liste für den Überlebenskoffer in diesem Buch wurde es vergessen. Und um bei den Nachbarn zu klingeln, ist es längst zu spät, Sie kennen sie ja noch kaum. Was tun? Klare Antwort: zuschlagen!

Doch sachte.

Gehen Sie vor wie folgt: Streifen Sie den Plastikschutz ab, der auf den meisten Weinflaschen steckt. Dann nehmen Sie ein Tuch oder irgendein schlagdämpfendes Material, ein Schal geht auch – irgendwas findet sich. Und eine Wand, die haben Sie auch, sogar mehrere. Falten Sie den Stoff ein paar Mal, bis er ordentlich dick ist, aber auf keinen Fall kleiner als die Fläche des Flaschenbodens. Nun halten Sie das Tuch gegen die Wand und stoßen den Boden der Flasche parallel zur Wand mehrmals flach darauf. Dies führt dazu, dass der Wein (ähnlich wie ein Ball, den man gegen eine Wand wirft und der dann von dieser abprallt) von innen den Korken nach außen drückt. Und langsam aus dem Flaschenhals schiebt.

Tipp: Leider funktioniert dieser prima Trick nicht wirklich mit allen Weinflaschen, sondern am allerbesten und vor allem mit solchen, bei denen der Übergang vom Flaschenkörper zum Flaschenhals einigermaßen gleichmäßig verläuft (und so den Wein nicht bremst). Wichtig ist es, den Flaschenboden wirklich flach auf die Wand zu schlagen, nicht schräg. Sonst haben Sie den Wein gleich nicht in Ihrem Glas, sondern auf Ihrem Hemd, der Hose und auf dem schönen neuen Teppichboden. Einwenden mag man gegen diese Form des Entkorkens, dass es aus önologischer Sicht ein Sakrileg ist, Wein derart durchzuschütteln. Am ersten Abend in der neuen Wohnung jedoch finden wir: das geht. → 004.10 Das Überlebens-Kit

008.02

Kabelloses Kuschellicht installieren

Natürlich verfügt Ihre neue Wohnung über elektrischen Strom und Sie über alle möglichen Wand-, Arbeits- und Designleuchten. Doch auch schon heute?

Sollte es am ersten Abend in der neuen Wohnung dunkel werden, bevor Sie feststellen, dass Sie noch keine Lampe anschließen konnten, können Sie nun zwar, klar, die Gunst der Stunde nutzen und im Dunkeln knutschen. Dagegen spricht nichts. Sie können auch versuchen, beim Schein der Straßenlaterne letzte Arbeiten zu verrichten. Sie können jedoch auch einfach vorbereitet sein, indem Sie eine Taschenlampe in Ihrem Überlebenskoffer bereithalten, Batterien inklusive, und weiter geht's. *Der Trick:* Wenn Sie die Leuchte so platzieren, dass der Lichtkegel auf eine rote oder orangefarbene Fläche fällt, haben Sie schon am ersten Abend in der neuen Wohnung wirklich 1A Kuschellicht. Vielleicht erinnern Sie sich noch daran, wie Sie als Kind den Lichtkegel in den Handrücken drückten und es so schön rot leuchtete? → 004.10 Das Überlebens-Kit

008.03

Schöner träumen auf Luftmatratzen

Geschafft? Alles da und halbwegs heil? Glückwunsch, der schönere (und viel weniger anstrengende) Teil des Abenteuers „Umzug" beginnt: das Ankommen, Einrichten, Einleben, Entdecken.

Für heute ist das Wichtigste: Atmen Sie erstmal durch. Wenn Ihnen danach ist, stoßen Sie auf Ihr neues Heim an. Räumen Sie heute nichts mehr aus oder gar ein.

Schreiten Sie Ihr neues Zuhause ab, genießen Sie die Räume, amüsieren Sie sich darüber, wie es darin hallt, wenn Sie mit sich selbst sprechen, wenn Sie singen! Auch auf einer Luftmatratze zu schlafen muss nicht schrecklich sein, im Gegenteil: Es ist Lebensfreude pur! Erinnern Sie sich an die LuMa-Fahrten auf dem Baggersee, als Sie den Antrieb spielten, während die Dorfschöne auf dem Luftkissen lag und sich von Ihnen einmal quer über den Teich schieben ließ, oder Sie selbst die waren, die von dem rotgesichtigen hübschen Jungen geschippert wurde, der seinen Kopf zwischen Ihre Waden geklemmt hatte und durchs Wasser strampelte. Wie oft noch war Ihr Leben seither so prickelnd?

Ziehen Sie diese Luftmatratze heute einmal quer durch die Wohnung. Schlafen Sie in der Küche, im Arbeitszimmer, vor dem Kamin! Wer sagt, dass Ihr Wohn-Alltag den Plänen des Architekten folgen muss? Schon heute nach der besten Schlafposition in Ihrer neuen Wohnung zu suchen ist durchaus sinnvoll, und eine Luftmatratze leistet gute Dienste – sie ist leichter als ein Bett.

Den Rest der Überlebenstasche brauchen Sie nun auch. Wofür das Notizbuch? Was man in der ersten Nacht in einer neuen Wohnung träumt, geht in Erfüllung. Aber nur, wenn man es nicht vergisst. Schreiben Sie also nach dem Aufwachen auf, was Ihnen im Schlaf so kam – wenn es etwas Schönes war. → 004.10 Das Überlebens-Kit

Was Sie in der ersten Nacht träumen, wird wahr – selbstverständlich nur, wenn Sie es nicht vergessen. Notieren Sie hier, was Ihnen im Schlaf alles kam.

DIE ZEIT DANACH

009

DIE ALTE WOHNUNG ÜBERGEBEN

009.01

Was heißt eigentlich „besenrein" – und was sind „Schönheitsreparaturen"?

In älteren Mietverträgen stehen mitunter noch Worte wie „besenrein" oder „bezugsfertig". Auch „vertragsgemäßer" oder „ursprünglicher Zustand" ist dort manchmal zu lesen. Schauen Sie gleich nach: Finden Sie einen dieser Begriffe, sind Sie fein raus. Sie müssen nichts tun als Ihre alte Wohnung auszuräumen und sie gefegt und gewischt zurückzugeben.

Die meisten Mieter haben heute nicht mehr ganz so viel Glück. In ihren Verträgen steht ausdrücklich, dass sie als Mieter Schönheitsreparaturen durchzuführen oder zu renovieren haben. Für derartige Klauseln gilt: Lassen Sie das erst einmal prüfen. Die Rechtsprechung hat sich erheblich gewandelt. Machen oder bezahlen Sie auf keinen Fall mehr, als Sie selbst verwohnt haben. Wenn etwa im Vertrag steht, dass Sie bei Einzug, während der Mietzeit und bei Auszug renovieren sollen: Lassen Sie das. Nur wenn eine Schönheitsreparatur-Klausel klar formuliert ist und den Mieter nicht unangemessen benachteiligt, kann der Vermieter seinen Mieter auch wirklich zu solchen Arbeiten verpflichten (Az.: VIII ZR 143/06).

Steht in Ihrem Vertrag nichts anderes, so meint Ihr Vermieter mit „Schönheitsreparaturen" in erster Linie das Tapezieren, Anstreichen oder auch Kalken von Wänden und Decken. Das vor allem, und meist hat es sich damit. Falls Ihre alte Wohnung ein schickes Loft mit Betonboden ist, so rechnen Sie vorsichtshalber damit, dass Sie auch diesen frisch streichen müssen. Teppichböden brauchen Sie nicht zu streichen, die gehören nur gereinigt (dies reicht übrigens selbst dann, wenn Sie ihn durch normale Abnutzung völlig unbrauchbar gemacht haben sollten. Massenhaft Rotweinflecken, die eine Chronik Ihrer letzten Partys bilden, gehen in aller Regel jedoch nicht als „normale Abnutzung" durch). Heizkörper – und zwar einschließlich aller sichtbaren Heizrohre –, Zimmertüren, die Wohnungstür und alle Fenster von innen müssen Sie, wenn diese nicht mehr hübsch sind, oft auch streichen. Naturbelassene Türen streicht man nicht, sondern lasiert sie nur. Im Keller, auf dem Balkon, in der Garage oder auf dem Speicher brauchen Sie nie zu streichen. *Wenn Sie in großer Wut einst einen Hammer genommen und eine Fliese zertrümmert haben, müssen Sie diese allerdings spätestens jetzt ersetzen. An altersbedingten Schäden jedoch brauchen Sie sich nicht zu beteiligen.* Und will der Vermieter, dass Sie auch noch so genannte „Kleinreparaturen" erledigen – darunter fällt etwa das Auswechseln von Scheiben oder das Ölen von Schlössern –, muss er dies schon beim Einzug extra mit Ihnen vertraglich vereinbart haben.

Das Instandsetzen von Leitungen, Heizkörpern, Elektrik, das Gängigmachen von Türen, Installations- und Maurerarbeiten – alles, was mit der Bausubstanz zu tun hat oder auch das Abschleifen von Dielen- und Parkettböden – gelten nicht als Schönheitsreparaturen. Das muss der Vermieter selbst erledigen. → 009.02 Ruck-zuck eine Fliese austauschen, → 003.04 Verwandte mit handwerklicher Vorbildung, → 003.15 Tapeten oder Farbe: Was kommt an die Wand?, → 009.03 Den Vermieter dazu bringen, beim Anblick von Böden, Türen, Wänden ein Auge zuzudrücken

Einmal ordentlich durchsaugen: Steht in Ihrem Vertrag, dass Sie Ihre alte Wohnung „besenrein" übergeben müssen, genügt das schon fast. Dann kann der Vermieter kommen.

Eine Fliese auszuwechseln ist im Grunde kinderleicht. Schwieriger ist es manchmal, eine zu finden, die zu den alten passt oder gar identisch ist.

009.02

Ruck-zuck eine Fliese austauschen

Ist eine Fliese in Ihrer alten Wohnung so beschädigt, dass sie den Numerus clausus der Wohnungsabnahme nicht geschafft hat, müssen Sie sie entfernen. Wie?

1.) Nehmen Sie einen Meißel und hämmern Sie die Fuge drumherum vorsichtig auf.
2.) Zerschlagen Sie die Kachel, nehmen Sie die Scherben heraus.
3.) Säubern Sie das Fliesenbett.
4.) Ist alles sauber und trocken? Dann tragen Sie mit einem Spachtel Fliesenkleber auf.
5.) Eine neue, wenn möglich identische Fliese leicht eindrücken.
6.) Nach der Abbindezeit (wie lange, steht auf der Tube) verfugen. Achten Sie beim Kauf des Mörtels aber darauf, dass Sie die gleiche Farbe erwischen.
7.) Einschlämmen und danach alles, was übersteht und verschmiert, mit Wasser und einem Schwamm abwischen.

009.03

Den Vermieter dazu bringen, beim Anblick von Böden, Türen, Wänden ein Auge zuzudrücken

Trauen Sie sich, dem Vermieter oder Vertreter der Wohnungsverwaltung schöne Augen zu machen – oder ist Ihnen sowas unangenehm? Charmant zu sein, sich nett zu bedanken, dass Sie eine schöne Zeit in dieser Wohnung hatten – wenn es so war, dann sagen Sie das, das macht Sie sehr sympathisch.

Tipp: Auf jeden Fall prima helfen können Ihnen bei der Wohnungsabnahme Tageszeit und Wetter. Die Sprecherin des Wohnungsportals www.immowelt.de, Barbara Schmid, 41: „Übergeben Sie eine Wohnung nie bei gleißendem Sonnenschein, wenn jede noch so kleine Macke im Fußboden gleich ins Auge springt oder zu sehen ist, dass die Wand hinter der Kinderzimmertür nicht super gleichmäßig gemalert ist." Verlegen Sie den Termin also möglichst auf den Abend, schrauben Sie die Birnen raus, und wenn es regnet: umso besser. → 003.04 Verwandte mit handwerklicher Vorbildung

009.04

Eine Kaution zurückfordern und sie auch wirklich bekommen

„Der Vermieter ist gesetzlich dazu verpflichtet, die Mietkaution nach Beendigung des Mietverhältnisses zurückzuzahlen. Voraussetzung für die Rückzahlung ist, dass der Vermieter die Kaution zur Sicherung seiner Ansprüche nicht mehr benötigt. Daraus folgt, dass der Vermieter nicht immer zwingend bei Rückgabe der Wohnung die Kaution auszahlen muss. Vielmehr hat er eine angemessene Frist, in der er entscheiden kann, ob und in welcher Weise er die Kaution zum Ausgleich seiner Ansprüche noch benötigt und verwenden will." Das sagt Sophie Mecchia vom Deutschen Mieterbund.

Und im Klartext heißt das: *Manchmal muss man als Mieter sechs oder neun Monate oder gar noch länger warten.* Denn der Bundesgerichtshof (Az.: VIII ZR 71/05) hat entschieden, dass ein Vermieter die Kaution respektive „einen angemessenen Teil" zurückhalten darf, wenn etwa noch eine Nebenkostenabrechnung aussteht, vielleicht auch eine Nachzahlung fällig wird. Frau Mecchia sagt: „Diese Abrechnungsfrist endet erst zwölf Monate nach Ende der Abrechnungsperiode, sodass der Mieter unter Umständen mehr als zwölf Monate auf die Rückzahlung eines Teils der Kaution warten muss."

Tipp: Verzögert Ihr alter Vermieter die Abrechnung oder Auszahlung der Mietkaution, sollten Sie ihn schriftlich mahnen und ihm zugleich eine Frist setzen, Sie sollen den Vermieter also auffordern, die Kaution bis zu einem bestimmten Tag zurückzuzahlen. Zahlt er dann noch immer nicht, können Sie Schadensersatz verlangen, zum Beispiel die Zinsen, die Sie zahlen müssen, weil nun Ihr Konto überzogen wurde. Und bleibt Ihr Ex-Hauswirt ganz stur, so hat auch der Deutsche Mieterbund keine bessere Nachricht: „Notfalls muss der Mieter die Kaution einklagen."

Schwierigkeiten bei der Rückzahlung der Kaution können etwa auch auftreten, wenn sich Mieter und Vermieter nicht einig sind, ob überhaupt Forderungen des Vermieters bestehen. Da hält etwa der Vermieter die Sicherheit zurück, weil er meint, Schadensersatzansprüche gegen den Mieter zu haben, weil der die Wohnung nicht oder nicht richtig renoviert hat. Der Mieter glaubt, dass er nicht zu Schönheitsreparaturen verpflichtet war, und fordert die Kaution zurück.

Wenn der Fall bei Ihnen so liegen sollte, ist das ebenfalls eher unangenehm, denn auch dann kann es passieren, dass Sie und Ihr alter Vermieter sich vor Gericht wiedersehen.

→ 009.03 Den Vermieter dazu bringen, beim Anblick von Böden, Türen, Wänden ein Auge zuzudrücken

010

RICHTIG ANKOMMEN

010.01

Keine faulen Kompromisse!

Eine Wohnung ist ein bisschen wie ein Garten: Wenn Sie Rasen von der Rolle kaufen und ein paar Töpfe mit Rosensträuchern aufs Grundstück stellen, ist das nicht optimal. Und wenn Sie bei Möbel Roller, Ikea, Hübner oder wie sie alle heißen eine dort ausgestellte Musterwohnung ordern und in Ihre neue Wohnung stellen – könnten Sie ja, statt den ganzen Kram immer wieder von Bielefeld nach Münster, von Münster nach Osnabrück und von dort nach Stuttgart zu schleppen –, werden Sie vermutlich ebenfalls wenig Freude daran haben. Der Grund: Es muss wachsen. Und damit wären wir wieder beim Garten. Denn hier wie da braucht man einfach ein wenig Geduld.

In Ihrer neuen Wohnung sieht es nun aus wie bei der berühmt gewordenen Familie Hempel unterm Sofa. Vieles steht kreuz und quer, vermutlich sind noch nicht alle Regale, Lampen, Küchenschränke angedübelt, Kartons stapeln sich, Sie finden nichts. Auch wenn Ihnen andere Menschen sonst nachsagen, dass Sie ein wirklich fleißiges Lieschen seien: Atmen Sie nun einfach mal tief durch, setzten Sie sich aufs Sofa und gucken sich um. Wie ist das Licht in Ihrer neuen Wohnung? Wie ist die Stimmung in dieser und in jener Ecke? Überstürzen Sie nichts.

Lassen Sie sich ausreichend Zeit, um nachzudenken, auf welcher Höhe das Regal wirklich gut hängt. Wo Sie Löcher bohren. Und wenn Sie noch Vorhänge brauchen, Teppiche, andere Einrichtungsdinge – schließen Sie nicht, weil es schnell gehen soll, faule Kompromisse und kaufen Sie irgendwas. Gewöhnen Sie sich erstmal an Ihre neuen Räume und wählen mit Bedacht. Dann sitzen Sie eben eine Zeit lang ohne Vorhang auf und zwischen Kisten. Auch das hat seinen Reiz.

→ 003.07 Bohrlöcher kaschieren mit und ohne Zahnpasta,
→ 011.02 Gute Sitzgelegenheiten kaufen (und Teppiche, und ein tolles Bett)

Rechts: Auspacken, aber nicht alles heute. Ihre neue Wohnung muss wachsen.

DER TAGESSPIEGEL
zapf umzüge
DER TAGESSPIEGEL
zapf umzüge
DER TAGESSPIEGEL
zapf umzüge

010.02

Kisten zum Kunstwerk stapeln

1974 ging es Andy Warhol in New York ganz ähnlich wie Ihnen jetzt. Auch er ist umgezogen, aus seinem Studio 33 Union Square West in das Haus 860 Broadway. Und auch Andy Warhol packte Kisten und Kartons ein und wieder aus, und er erkannte: *einfache Umzugskartons eignen sich prima, um darin auch nach dem Umzug Briefe, Einladungen, Campbell-Etiketten, Zeitungen, Schuhe von Clark Gable, Tonbänder, Kataloge und Unterhosen aufzubewahren.* Seither hatte er immer eine solche Kiste neben seinem Schreibtisch stehen, in der er alles mögliche sammelte. War sie voll, kam eine neue. Die alte verpackten Warhols Assistenten, datierten sie – und machten sie so zum Kunstwerk: Aus rund 600 Umzugskartons wurden die berühmten, geheimnisumwitterten Warhol'schen Zeitkapseln, die „Time Capsules". Mit ihnen hat der Mega-Künstler die vielleicht perfekte Methode entwickelt, Dinge wegzuschaffen, um sich nicht von ihnen erdrücken zu lassen – und all den Kram zugleich zu behalten, aufzubewahren für eine andere Zeit, einen anderen Blick. Er hat erkannt: In jeder Umzugskiste ist Platz für eine kleine Welt. *Vielleicht also packen Sie gar nicht alle aus?*

Wenn man irgendwann anfängt, sich über Kisten, die noch immer unausgepackt herumstehen, doch ein wenig zu ärgern, bieten Soziologen wie etwa Niklas Luhmann eine Lösung ganz ohne Arbeit. Man könnte sie mit „anders gucken" umschreiben: Die Experten sagen, es sei oft nur der Blick, der aus Müll ein Kunstwerk macht. Man kennt so etwas aus Ausstellungshallen. An einem solchen Ort ist die Wahrscheinlichkeit für Kunst sehr hoch. Und doch sieht auch hier nur, wer sehen will, eine Installation im Kistenturm, im Abfallberg. Andere rümpfen die Nase. Für zu Hause gilt genau dasselbe: *Wer mag, sieht Kunst, wenn sein Blick auf den Stapel Kartons fällt, wer nicht mag, sieht eben Pappe und Arbeit. Die Perspektive macht den Unterschied, Sie haben die Wahl.* → 011.10 Wohnen mit Kunst

Links: Wenn Sie richtig hinsehen, sehen Sie Kunst.

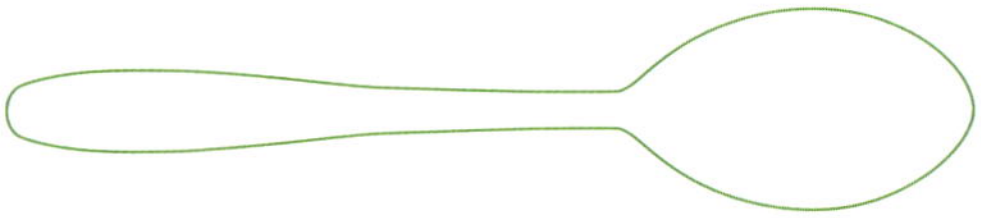

010.03

Stilvoll kochen und essen ohne Kaviarschaufel und Mandoline

Er hat 17 Gault-Millau-Punkte und verteidigt nun bereits seinen sechsten Michelin-Stern: Thomas Neeser ist einer der besten Köche der Republik. Er sagt: „Meine Küche ist klassisch französisch.“ Gern bereitet der Küchenchef des Berliner „Adlon“ etwa Tatar vom Taschenkrebs mit leichter Limonen-Ingwer-Crème-fraîche, Thai-Mango und Prunier St.-James-Kaviar sowie Suprême vom Atlantiksteinbutt mit Jakobsmuschel und Seeigel, souffliert, in Kartoffel-Majoran-Nage. Solche Sachen kocht Herr Neeser.

Aber der 34-Jährige kann auch ganz anders. Privat kocht Neeser am liebsten gar nicht, da isst er von seiner Mutter gewickelte Rinderrouladen, und uns hilft er rechts, mit wenigen Zutaten ein ganz schlichtes Kartoffelsamtsüppchen zuzubereiten – doch er wäre nicht „Adlon“-Küchenchef, wenn es dieses nicht in sich hätte. Obgleich er schrecklich viel zu tun hat, hat Neeser dieses Rezept speziell für dieses Buch und Köche zwischen Kisten erfunden, und deshalb ist es überraschend einfach, man braucht gar nicht viel.

Umzugskartoffelsamtsuppe aus dem Hotel „Adlon", Berlin

Für vier Personen:

100 g Schalotten · 150 g Zwiebeln
100 g Lauch (nur den unteren, weißen Teil verwenden)
1 Knoblauchzehe · 0,75 kg Kartoffeln
500 ml Fond (Geflügel- oder vegetarische Variante Gemüsefond)
250 g Sahne · 1 Zweig Majoran
etwas Butter, Salz, Muskat, Schnittlauchröllchen
oder frische Gartenkresse zum Garnieren

Auf dem neuen Balkon wächst vermutlich noch nichts, darum lassen Sie zur Not die Kräuter weg. Auspacken sollten Sie ein *Brettchen, einen Topf, ein Messer, einen Mixer oder Zauberstab* – letzteres vielleicht bei den neuen Nachbarn leihen, und wenn die nett sind, dürfen sie mitessen. Nun *Schalotten, Zwiebeln und Knoblauch schälen und klein schneiden. Die Kartoffeln waschen, schälen und ebenfalls in kleine Würfel schneiden. Den Topf erhitzen und Zwiebeln, Schalotten, Knoblauch in Butter anschwitzen. Kartoffelwürfel zugeben. Mit Fond aufgießen bis alles bedeckt ist, bei Bedarf eventuell etwas Flüssigkeit nachschütten. Den Majoran hinzugeben. Wenn die Kartoffeln weich sind, die Sahne einrühren. Die Suppe im Mixer pürieren und, wenn zur Hand, durch ein feines Sieb passieren. Mit Salz und Muskatnuss abschmecken und mit Kräutern garnieren. Damit wäre die Suppe fertig.*

Wer mag und hat, kann alles noch ein wenig anreichern – gerade nach einem Umzug braucht mancher vielleicht eine nahrhafte Einlage. Neeser: „Für die leichte Küche zum Beispiel eignen sich gedünstete Poulardenbruststreifen, klassisch sind Mett- oder Wiener Würstchen. Eine einfache Variante sind kross gebratener Speck und Weißbrotcroûtons, für besondere Anlässe kann die Kartoffelsuppe auch mit Alba- oder Périgord-Trüffel (je nach Saison) veredelt werden." Doch derlei ist fakultativ. Die Kartoffelsamtsuppe schmeckt auch so schon exquisit. → 013.04 Eine wirklich gute Einweihungsfete schmeißen

→ EXTRA 6: Doofe Technik

Beispiel 1:
DIE BESTEN DINGE, DIE MAN TUN KANN, WÄHREND MAN VON SIEBEN BIS 17 UHR AUF DEN MANN VON DER TELEKOM WARTET

- zwischen Umzugskisten heftig knutschen,
- sich von überflüssigen Kleidungsstücken trennen und diese in einen Altkleidersack packen (allen voran: Muff, Wams, Stola, Babydoll, Leggings, Stirnband),
- sich Ziele setzen: Was man alles im laufenden Jahr in dieser Wohnung erleben möchte und was nicht,
- den tropfenden Wasserhahn reparieren,[4]
- bei den Nachbarn klingeln und fragen, ob sie heute mit einem essen möchten,
- vollendete Tatsachen schaffen, bevor Mann/Frau/Kinder nach Hause kommen, und doch noch zwei Wände in sattem Grün streichen.

4 Und so stoppen Sie das Tropfen eines Wasserhahns mit Drehgriffen: Sperren Sie gleich mal die Wasserzufuhr zum Ventil. Bei Waschtisch- oder Küchenspülen-Ventilen drehen Sie das darunter befindliche Eckventil zu (das erkennen Sie daran, dass es aus der Wand kommt). Finden Sie zwei Eckventile, so schließen Sie beide (denn wenn Sie sich schon an die Arbeit machen, sollten Sie den Kalt- wie Warmwasserteil abdichten). Bei Badewannen- oder Duschzuläufen schließen Sie die zentralen Unterputz-Sperrventile für die ganze Wohnung; die sind meist im Bad.
Nun öffnen Sie die Drehgriffe um mindestens eine halbe Drehung, um noch vorhandenen Überdruck abzubauen. Dann die Griffe abnehmen (gelingt meist durch beherztes Ziehen). Jetzt liegt das Ventiloberteil frei. An seiner Oberseite sehen Sie einen Sechskant, an dem Sie einen Schlüssel oder eine Wasserpumpenzange ansetzen können. Mit einem kleinen Ruck (entgegen dem Uhrzeigersinn) lösen Sie das Ventiloberteil. Drehen Sie es von Hand heraus. An seiner Unterseite sehen Sie die Dichtung, ein Gummiplättchen, das mittels einer Mutter auf einer Metallscheibe mit hochgezogenem Rand befestigt ist. Lösen Sie diese Mutter und heben Sie die Dichtung heraus. Ein kleiner Schraubenzieher kann dabei helfen. Wenn Sie die Dichtung umdrehen

BEISPIEL 2:
MONATE OHNE INTERNET ÜBERBRÜCKEN

Unternehmen der Telekommunikationsbranche sind nicht immer die schnellsten. Sie sind jedoch nicht hilflos von der Welt abgeschlossen. Jens Körner, 39 und IT-Profi aus Sachsen, nennt Ihre Möglichkeiten:

- Einen Datentarif für das Handy buchen und dieses dann als Modem für den Rechner missbrauchen.

- Über das Handy selbst ins Internet gehen: Zwar ist das Display frustrierend klein, doch irgendwie geht es.

- Wenn Ihr Anbieter erstmal nur den analogen Anschluss umgelegt und den DSL-Anschluss vergessen hat, kramen Sie das alte analoge Modem heraus. Früher waren Sie damit auch zufrieden.

- Versuchen Sie, ein offenes WLAN-Netz zu finden.

- Finden Sie keines, müssen Sie überlegen, ob Sie sich das trauen: Kennen Sie einen Freak, der das WLAN-Netz von gegenüber knacken kann? Vorsicht: Wenn Ihr Nachbar eine Flatrate hat, verletzen Sie zwar Grenzen – doch es kostet ihn nichts. Bei Nachbarn, die jede Internet-Minute bezahlen müssen, sollten Sie sich Piraterien verkneifen.

- Laden Sie Ihre neuen Nachbarn zum Essen ein, fragen Sie ganz nebenbei, ob Sie deren Internetzugang nicht erstmal gemeinsam nutzen könnten. Mit WLAN ist das einfach. Sonst holen Sie sich einen kleinen Mauerdurchbruchsbohrer und ziehen ein Kabel.

und feststellen, dass sie auf dieser Seite im Gegensatz zur Vorderseite noch intakt und plan ist, dann können Sie sie mit der „guten" Seite nach vorne gleich wieder einsetzen. Ist die Rückseite aber auch schon ziemlich deformiert, müssten Sie eine neue besorgen. Die bekommen Sie in jedem Sanitär-Fachgeschäft oder auch im Baumarkt. Der Zusammenbau des Wasserhahns geht genau in umgekehrter Reihenfolge: Dichtplatte festschrauben, Ventiloberteil vorsichtig von Hand einschrauben und handfest anziehen, Handgriff aufstecken, Ventil zudrehen, Wasser marsch.

- Erkundigen Sie sich über Möglichkeiten, per WIMAX ins Internet zu kommen (das sei der große Bruder des WLAN, sagt Herr Körner).
- Auch übers TV-Kabel kann man ins Internet: Erkundigen Sie sich nach den Preisen der Kabelanbieter.
- Etwas exotisch: Denken Sie darüber nach, sich einen Satellitenschüssel auf den Balkon zu stellen, um damit ins Internet zu gehen.
- Fragen Sie Ihren Energieanbieter, wann er Ihnen endlich Internet aus der Steckdose bietet. Vielleicht geht das schneller als auf die Telekom zu warten?
- Laden Sie sich bei lange nicht mehr besuchten Freunden zum Essen ein, um sich, während die Nudeln kochen, dort für ein paar Minuten an den Rechner zu setzen.
- Laufen Sie mit dem Laptop durch die Straßen, um ein offenes WLAN-Netz oder einen Hot Spot zu finden.
- Gehen Sie eben doch mal ins Internet-Café oder werden Sie Stammgast in Kneipen mit kostenlosem Internet-Zugang.

011

ZENTRALE FRAGEN DES NEUBEGINNS

LOCKWOODS
DARK RED
KIDNEY

Wie lange dauert das Auspacken?

Sie brauchen vielleicht eine Idee länger, doch die Profis rechnen wie folgt:

Bücherkarton .... 8 Min.
Wäschekarton .... 12 Min.
Porzellan-/Glaskarton .... 16 bis 20 Min.
Aktenkarton .... 8 Min.

011.01

Jedes Ding braucht einen Platz

In vielen Wohnungen gibt es mehr Hausrat als Schränke, Schubladen und Abstellkammern. Das ist ein Problem. Struktur in den Alltag zu bringen tut Not – denn wenn ein Wischmopp im Flur stehen muss, ist die schönste Wohnung bald unsichtbar, und eine unpraktische Küche macht sich die Köche untertan oder ist bald nicht mehr schön. Wer umzieht, denkt so früh als möglich daran, welche Raumaufteilung und Möbel er braucht.

- Ein Hauswirtschaftsraum kann hässliche Bügelbretter, Wäschekörbe und -berge aus dem Blickfeld schaffen und ist mitunter sinnvoller als ein Gästezimmer: Vielleicht lassen Sie entsprechende Anschlüsse legen?

- Abstellkammern schaffen für Sportgeräte, Staubsauger, Trittleitern. Sie müssen gar nicht riesig sein: Hat man zu viel Stauraum, sammelt sich Überflüssiges schneller an.

- Werden Sie sich klar über Ihre Bedürfnisse. Was ist nutzlos und Ballast? Welche Geschenke freuen Sie nicht, welche Spontankäufe ärgern Sie bloß? Was benutzen Sie Tag für Tag?

- Jedes Ding braucht einen Platz, am besten direkt dort, wo man es braucht; in der Nähe des Eingangs etwa Garderobe und Schuhschrank. Kaufen Sie etwas, überlegen Sie, wo es zu Hause verstaut werden soll und sorgen Sie dafür, dass alle Familienmitglieder dies wissen.

- Im Verzicht liegt Lustgewinn. Wenn Sie etwas kaufen, werfen Sie daher eine alte Sache weg. Das ist wichtig etwa bei Kleidung und Schuhen, aber auch Kochtöpfen oder Kosmetika.

- Überlegen Sie sich: Wann haben Sie eine Sache zuletzt benutzt? Wie vor dem Umzug sollten Sie nun mindestens einmal jährlich ausmisten. Entrümpeln ist eine prima Aktion für schlecht gelaunte Wochenenden – es wirkt stark antidepressiv!

- Natürlich braucht nicht nur der Kleinkram einen Platz. Auch ganze Wohnbereiche und Möbel wollen untergebracht sein. Den richtigen Ort fürs Schlafen, Kochen, Arbeiten, Lesen, Spielen zu finden, Möbel dort zu platzieren, wo sie gut aussehen: Das haben Sie vermutlich bereits geschafft. Falls Sie mit dem Ergebnis nicht zufrieden sind und sich in der neuen Wohnung nicht wohlfühlen, lassen Sie sich beraten. Einrichtungsprofis finden Sie etwa unter Innenarchitekten, Raumausstattern oder – wenn Ihnen dies sympathisch ist – auch unter Beratern des klassischen Feng-Shui. Vielleicht aber gibt es sogar in Ihrem Freundeskreis jemanden, dessen Geschmack und Stil Sie bewundern. Dann fragen Sie! → 011.12 Humor zulassen, denn es gibt nichts Öderes als Wohnungen, in denen nur repräsentiert wird, → 011.11 Wenn die Putzfee nicht mit umgezogen ist

Nicht immer ist alles tipptopp? Ihre Wohnung ist nicht das Finanzamt. Wichtig ist, dass die grundlegende Organisation stimmt und Wischmopp und Trittleitern unsichtbar werden.

i love you

Denksport zwischendurch: Was fehlt Ihnen noch zu einem richtig erwachsenen Hausstand?

Früher bekamen junge Frauen eine Aussteuer, auch Mitgift genannt. Heute ist das nicht mehr so üblich. Stoffservietten, Bratenzange, Likörkelche, Dampfgarer, Spargelplatte, das 36-teilige Tischwäsche-Set und Fischbesteck für zwölf: Welche Dinge trennen Sie noch von einem richtig erwachsenen Hausstand – rein theoretisch?

Links: Bis über beide Ohren verliebt in die neue Wohnung? Jedenfalls macht das Einrichten viel mehr Spaß als das Ausräumen.

011.02

Gute Sitzgelegenheiten kaufen (und Teppiche, und ein tolles Bett)

„Wir sind zu arm, um billig einzukaufen“, sagten die Leute früher. Das klang und klingt noch immer leicht absurd. Aber: Die Anschaffung einiger guter elementarer Wohngegenstände, die ein Leben lang halten, ist alles andere als eine Geldverschwendung. Manches sollten Sie sich leisten – auch und gerade dann, wenn Sie ein wenig darauf sparen müssen.

Ein Drittel des Lebens, über den Daumen gepeilt, verbringen Sie im Bett: Gönnen Sie sich also eines, in dem Sie wirklich gut schlafen. Kaufen Sie eine Matratze, die Sie notfalls nach einigen Wochen tauschen können – Probeliegen im Fachgeschäft genügt kaum, um die richtige für immer zu finden. Es kann anfangs noch so bequem wirken, was Sie dann nach 23 Nächten mit Rückenschmerzen plagt. Lassen Sie sich umfassend und am besten bei mehreren Adressen beraten, studieren Sie Test-Berichte!

Investieren Sie außerdem, wenn Ihnen daran etwas liegt, in klassische Stühle, in ordentliche Teppiche, mit denen Sie immer wieder umziehen können, in ein bisschen Kunst, die Sie mögen.

Oft lohnt sich der Kauf von Designklassikern wie etwa von Le Corbusier, Eileen Gray, Marcel Breuer oder Egon Eiermann: Der Wertverlust ist bei diesen Möbeln und Objekten oft gleich null, oder die Dinge steigen gar im Wert. Auch heute gibt es natürlich tolle Gestalter, deren Objekte die Anschaffung lohnen – hier brauchen Sie allerdings etwas Muße und Sachverstand, um die Spreu vom Weizen zu trennen; bei Designern wie den Genannten hat dies die Zeit bereits erledigt.

Denken Sie darüber nach, ob es nicht schlauer ist, peu à peu richtig gute Möbel zu kaufen und sie mit Erb- und Fundstücken zu ergänzen, als sich im Einrichtungsmarkt neu einzudecken. Und denken Sie außerdem ab und zu an den eingangs zitierten Spruch; billig kann teuer sein. Ein Umzug ist eine vorzügliche Gelegenheit, mit Freude aufs Klügste ein bisschen Geld auszugeben. → 011.03 Einrichtungsdiät: Aus einem Brett, das man im Hof gefunden hat, einen Küchentisch zaubern, → 011.04 Pssst! Das Schlafzimmer, → 011.10 Wohnen mit Kunst

Rechts: Es gibt Klassiker, die sind schlicht umwerfend schön. Mit Stücken wie diesem Stuhl von Verner Panton machen Sie nichts falsch.

011.03

Einrichtungsdiät: Aus einem Brett, das man im Hof gefunden hat, einen Küchentisch zaubern

So etwas finde er ganz wunderbar, er liebe improvisierte Möbel.

Und drum hat sich Nils Holger Moormann, einer der erfolgreichsten Möbelverleger Deutschlands (das bedeutet: Herr Moormann wählt Entwürfe aus und sorgt dafür, dass sie gebaut werden), auch postwendend mit einer Idee gemeldet: „Einen Küchentisch etwa“, sagt er, könnte man doch ganz prima bauen, ruck-zuck, ohne irgendwas zu kaufen. „Ich nehme da zu einem Brett, das ich im Hof gefunden habe, einfach von meinem Gemüsetürken ein paar Kisten. Die hat der immer übrig, und mir dienen sie nicht nur als Unterbau für den Tisch, sondern auch als Stauraum. Darauf kommt dann das Brett. Und das binde ich fest – am liebsten mit etwas Grobem wie einer Paketschnur, die ich drumherum wickele und an die Latten der Kisten knote.“

So schnell geht das bei einem wie Moormann. So schnell wie das Essen, das Sie an diesem Tisch theoretisch gleich den neuen Nachbarn servieren können. Und wenn jemand dumm guckt? Zucken Sie mit den Schultern. Sagen Sie, es sei Kunst. Oder schlicht: die neue Einrichtungsdiät. → 010.02 Kisten zum Kunstwerk stapeln, → 010.03 Stilvoll kochen und essen ohne Kaviarschaufel und Mandoline, → 011.10 Wohnen mit Kunst

Unter der Dusche werden Sie täglich wach, gegen Liebeskummer hilft ein Schaumbad, und Kinder spielen im Waschbecken Schiffe versenken: Ihr Bad sollte so sein, dass Sie sich gern darin aufhalten. Können Sie es im neuen Zuhause so wohnlich gestalten wie hier, machen Sie das. Mietwohnungsbäder allerdings setzen mitunter Grenzen. → 003.06 Erste Hilfe für hässliche Bäder

Pssst! Das Schlafzimmer

Zwar haben Sie in Ihrem Schlafzimmer recht oft die Augen geschlossen. *Hübsch sollte es dort dennoch sein: Die Atmosphäre beim Aufwachen und beim Einschlafen bestimmt, wie ein Tag beginnt und wie er endet.* Wenn möglich, wählen Sie in Ihrer neuen Wohnung als Schlafzimmer einen Raum, in dem die Sonne Sie wachküssen kann (perfekt gelöst im Zimmer links). Nicht nur zum Schlafen, auch zum Lesen, Lümmeln, Lieben brauchen Sie ein gemütliches, ausreichend großes Bett: Sparen Sie nicht an Matratze und einem dazu passenden Lattenrost. Beides zusammen nennt man übrigens Bettsystem. Eine gute Matratze sollte die unterschiedlichen Körperregionen so gut als möglich stützen. Das Bett darunter sollte stabil sein und nicht quietschen und knarren. Und es sollte Ihnen gefallen, klar.

Besonders gut planen sollten Sie Ihr neues Schlafzimmer, wenn dort nicht nur geschlafen wird, sondern auch vieles aufbewahrt – Kleidung, Wäsche, Schuhe. *Nur wenn Sie genügend Schrankraum haben, schöne Ablagen, hübsche Schubladen, ist garantiert, dass dieser Raum nicht zur Abstellkammer der Wohnung wird, sondern ein Zimmer, in das Sie sich gern zurückziehen, das Sie mögen.*

Tipp: Wenn möglich, schlafen Sie in diesem Zimmer nur. Fernsehen stört den Schlaf, Wäscheständer, Schreibtisch und Computer sowie alle anderen Dinge, die Sie an Arbeit und unerledigte Aufgaben erinnern, sollten besser andere Orte finden. Auch Berge von Bügelwäsche. → 011.01 Jedes Ding braucht einen Platz

Links: Glücklich, schon beim Aufwachen.

011.05

Braucht man heute noch ein Wohnzimmer?

Diese Frage ist nicht so ganz einfach zu beantworten. Stellt man sie jungen Designern und Architekten, sagen sie beinahe unisono: „Ich hab keines." Dennoch entwerfen Heerscharen von ihnen Sofa-Landschaften, Aufbewahrungsmöbel für Fernseher und Hi-Fi-Anlagen oder dickflauschige Teppiche, auf denen es sich exquisit herumlümmeln lässt: Wohnzimmerdinge also par excellence. Die Vielfalt an Produkten für die einstige „Gute Stube" ist so groß wie nie zuvor.

Wenn Besuch kommt, sitzen heute dennoch alle in der Küche – und die Küche (und nicht mehr die Ledersitzgruppe) muss repräsentieren, was die Bewohner geschmacksmäßig auf der Pfanne haben. Auch auf dem Balkon hockt man gern, wenn die Temperaturen es erlauben; jedenfalls trifft man sich an Tischen. Gelesen und gekuschelt wird oft eher im Bett denn auf der Couch.

Tipp: Nehmen Sie den Umzug zum Anlass, darüber nachzudenken, was Ihnen wichtig ist. Lässt der Grundriss Ihrer neuen Wohnung es (noch) zu, versuchen Sie, zeitgemäß – und vor allem Ihren Bedürfnissen entsprechend – mit dem Thema „Wohnzimmer" umzugehen. Schaffen Sie sich Inseln zum Lesen, Musikhören, Faulenzen oder nehmen Sie hierfür auch einen ganz besonders kleinen, kuscheligen Raum. Streichen Sie, was verzichtbar erscheint. Und vielleicht wird der eigentliche Wohnbereich auch ein Atelier- und Bastelraum, ein Kinder-, ein tolles Arbeitszimmer. → Extra 1: Bilanz ziehen, → 003.13 Einbauküchen machen alt

Rechts: Sitzecken um Couchtische? Das Wohnzimmer ist längst nicht mehr so, wie es mal war. Wieso auch, wo doch alle am liebsten in der Küche hocken.

011.06

Was Kinderzimmer können müssen

Kinder, so kann man es eigentlich auf den Punkt bringen, wohnen nicht. Sie leben. Und sie leben in aller Regel ganz anders, als die Hersteller von Kinderzimmereinrichtungen uns dies weis zu machen versuchen: Sie brauchen keine Bettwäsche mit Teddybär-Motiven, sie können gut ohne einen Teppich leben, der eine ganze Spielzeugeisenbahn als Aufdruck gleich mitliefert. Wichtig sind andere Dinge. Zum Beispiel:

- Effektive Aufbewahrungssysteme, etwa Boxen und Schubladen, die Sammlungen und Unordnung schlucken können, wo auch Schuhe und schmutzige Kleider verschwinden.

- Einfache Grundmöbel: ein schlichtes Holz- oder Eisenbett, Tisch, Stuhl, Regal.

- Klare Farben für Wände und Böden, denen Spielzeug und Bilder bunte Tupfer aufsetzen.

- Jungen wie Mädchen schlafen gern in gemütlichen Nischen. Ihr Bett ist mal Kuschelecke, mal Schiff auf hoher See, mal Bühne und mal Rückzugsort: Bedenken Sie das bei der Auswahl und beim Möbelrücken im Kinderzimmer. Viele Kinder finden es toll, wenn sie auf einem Podest oder in einem Hochbett schlafen können. Das schafft auch ein bisschen Platz am Boden.

- Teilen sich zwei Kinder ein Zimmer, ist es schön, wenn jedes einen eigenen Bereich darin hat, der so gestaltet wird, dass dies zum jeweiligen Kind passt.

- Kinderzimmer sind für Kinder da. Dennoch sollten sie auch den Eltern gefallen. Sie wollen sich da schließlich gern mit ihrem Kind aufhalten.

Tipp: Vermeiden Sie es, nach dem Umzug das Kinderzimmer komplett neu zu möblieren: Ein neuer Ort, eine neue Wohnung, ein neues Zimmer mit neuer Einrichtung – so viel Neues überfordert Kinder meist. Sorgen Sie dafür, dass Ihre Tochter oder Ihr Sohn ein bisschen Gewohntes mitnehmen kann. Und dass sich das Zimmer in der Folge eher ändert, weil Kind und Anforderungen wachsen, nicht weil Sie die Wohnung wechseln.

→ Extra 5: Umzug mit Kindern

Rechts: Das neue Kinderzimmer sollte auch den Müttern und Vätern gefallen, dann spielen sie vielleicht öfter mal mit. Wichtig sind beispielsweise schöne Aufbewahrungssysteme.

ZOO
OLOGIE

Flur und Treppenhaus werden beim Einrichten oft vergessen. Dabei können sie dafür sorgen, dass man gern nach Hause kommt. Oder auch nicht ganz so gern.

011.07

Wie man ein Entrée etabliert

Das Prinzip ist ganz einfach: Schließen Sie die Augen und überlegen Sie, wie und von welchen Dingen Sie gern empfangen werden möchten, wenn Sie nach einem harten Tag im Büro nach Hause kommen. Herumliegende Handy-Ladegeräte, Schuhe, Jackenberge, die Post von vorgestern und der Altpapierstapel zählen vermutlich kaum zu dem, was Sie als Erstes zu sehen wünschen. Ziehen Sie die Konsequenzen aus dieser kleinen Vorstellungsrunde. Machen Sie aus dem Durchgangs- und Abstellraum „Flur" ein Entrée. *Kaufen Sie eine schöne Kommode, sorgen Sie für Stauraum, der Dinge praktisch verschwinden lässt, für verdeckte Steckdosen und Kisten oder Schubladen für Mützen und Handschuhe.* Praktisch: Ein Barometer in der Garderobe hilft Ihnen bei der Frage, ob Sie einen Schirm mitnehmen sollten, und ein Schlüsselhaken vermeidet lästiges Suchen. → 011.01 Jedes Ding braucht einen Platz

BEISPIELE FÜR DINGE, DIE IN IHREM NEUEN FLUR UNSICHTBAR WERDEN DÜRFEN:

- **Ladegeräte von iPod und Telefon,**
- **Schirme,**
- **unbezahlte Rechnungen und Werbepost,**
- **einzelne Handschuhe,**
- **Jacken, die Sie seit drei Jahren nicht mehr getragen haben,**
- **Schuhe,**
- **der kaputte Bilderrahmen, der in die Werkstatt sollte,**
- **20 Handtaschen,**
- **Altpapier und Pfandflaschen,**
- **Fahrradhelme,**
- **der Stuhl, den Sie in den Keller bringen wollten,**
- **unausgepackte Sporttaschen.**

011.08

Regeln machen das Leben leichter: Dürfen Gäste in der Wohnung rauchen?

Über das Rauchverbot für Gaststätten mögen Sie sich freuen. Sie haben recht. Doch zu Hause einen Gast zu reglementieren, der Ihnen vielleicht einmal im Schaltjahr die Freude seines Besuchs bereitet und nur nach Ihrem guten Essen mal eine rauchen möchte, ist etwas völlig anderes.

Gäste sollten prinzipiell alles dürfen, so lange es Ihrer neuen Wohnung und Ihnen nicht oder zumindest nicht zu sehr schadet. Jemandem Vorträge darüber zu halten, was gesund ist und was nicht, oder ihn zum Wassersparen beim Händewaschen anzuhalten und Hausschuhe aufzuzwängen, ist nicht so nett, und es könnte Ihnen als Kleinkariertheit ausgelegt werden. Lassen Sie das. Nichtsdestotrotz sollten Sie spätestens nach diesem Umzug ein paar einfache Regeln für sich und die, die mit Ihnen leben, festlegen: *Es lebt sich angenehmer, wenn der Abfalleimer regelmäßig geleert wird, und es ist schön, wenn nicht immer nur Sie dies tun müssen.* Auch wenn die Geldbörse nicht täglich an neuem Ort deponiert wird, hilft das mitunter. → 011.09 Hausschuhe: ja oder nein?

Rechts: Klar, braucht es in Ihrer neuen Wohnung auch ein paar Regeln. Gäste allerdings sollten gewisse Freiheiten genießen.

Paul Wunderlich
Lofts
York 1960

011.09

Hausschuhe: ja oder nein?

Ein Umzug ist auch eine prima Chance, mit Gewohnheiten zu brechen. Eine wichtige Frage ist die von Hausschuhen. Überlegen Sie sich das gut: Wollen Sie fortan Puschen tragen? Dafür wie dagegen gibt es gute Gründe. Entscheiden müssen Sie selbst, doch helfen mag Ihnen die folgende Liste:

PRO HAUSSCHUHE:

- Hausschuhe helfen, Heizkosten zu sparen.
- Schuhe mindern die Gefahr einer Zehen-Fraktur, wenn man sich an Tür oder Treppe stößt.
- Auf Beton- und Fliesenboden mag man einfach nicht barfuß oder mit Strümpfen laufen.
- Hausschuhe aus Filz müssen gar nicht so schlimm sein.
- Nach dem Duschen hat man Hausschuhe schneller am Fuß als Socken.
- Man muss nicht immer aussehen, als käme man geradewegs vom Foto-Shooting.
- Ihre Mutter strickt und näht sehr gern.
- Kalte Füße sind eklig.

KONTRA HAUSSCHUHE:

- Die marktübliche Auswahl an Modellen: Hundepantoffeln mit Schlappohren, Flipflops und Zehensocken, bestickte Samtpuschen, die glitzern.
- Sobald man Schlappen am Fuß hat, erübrigt sich jedweder Flirtversuch. Flirten macht fort an einfach keinen Sinn mehr.
- Es könnte jemand klingeln.
- Dicke Socken genügen völlig, und mit denen kann man auch auf der Couch liegen.
- Barfußlaufen ist gesund.
- Hausschuhe? Wer trägt denn schon Hausschuhe?

→ 011.08 Regeln machen das Leben leichter: Dürfen Gäste in der Wohnung rauchen?

Links: Wer in seiner neuen Fabriketage solch einen Fußboden hat, kann auf Kuschel-Puschen vielleicht gar nicht verzichten. Aus gesundheitlichen Gründen – Erkältungsgefahr.

Schöner: Wohnen mit Kunst. Kaufen Sie ein Bild aber nicht, weil es zum Stuhl passt oder Sie auf Rendite hoffen. Kaufen Sie Kunst, weil Sie Freude daran haben.

011.10

Wohnen mit Kunst

Irgendwann ist man aus dem Poster-Alter raus, irgendwann stellt sich fast jeder die K-Frage. Doch welche Kunst mögen Sie? Gar nicht so einfach.

Widerstehen Sie der Versuchung, Fotografien, Malerei, Skulpturen nur zu kaufen, weil sie zu Ihrer neuen Wohnung passen. So etwas macht den Künstler traurig – und Sie nicht glücklich. Versuchen Sie, einen eigenen Sammlergeschmack zu entwickeln. Das passiert natürlich nicht von ganz allein und nicht von heute auf morgen. Nicht ohne Grund spricht man von Wohnkultur. Und der Begriff „Kultur“ ist Verpflichtung, auch mal rauszugehen: Sehen Sie sich Ausstellungen an, besuchen Sie Galerien und Museen, sprechen Sie mit Künstlern über ihre Arbeiten. Sie werden sehen, dass Sie immer mehr entdecken, und dass die Freude an der Kunst wächst.

Kunst macht Ihre Wohnung einzigartig. Sie erzählt Geschichten und gibt die Möglichkeit, immer wieder Neues zu sehen und auch, etwas auszusagen. Ohne Seelen-Striptease. Denn nicht Sie haben das Mädchen mit der roten Badehaube links geschaffen, Sie haben es nur aufgehängt. → 011.02 Gute Sitzgelegenheiten kaufen (und Teppiche, und ein tolles Bett)

011.11

Wenn die Putzfee nicht mit umgezogen ist

Das geht ganz schnell: Die Kisten sind noch nicht ausgepackt, aber der neue Schmutz ist schon da. Menschen, die nach dem Umzug gleich wieder zurück ins Büro müssen und von dort nicht vor 19 Uhr zurückkommen, brauchen zu Hause Hilfe.

Dass Ihre Perle einen Ortswechsel mitmacht, wäre im 21. Jahrhundert eher ungewöhnlich. Hoffen Sie nicht darauf. Eine neue Putzhilfe zu finden, ist aber nicht immer einfach – vor allem nicht, wenn Sie in einer der so genannten „besseren Gegenden“ einer größeren Stadt leben sollten, denn dort zu wohnen, können sich Menschen, die ihren Lebensunterhalt mit Putzen verdienen, in der Regel nicht leisten. Natürlich können Sie über die Agentur für Arbeit, private Arbeitsvermittlungen und Inserate in Tageszeitungen versuchen, eine neue Kraft zu finden. Freunde und Nachbarn oder im Geschäft um die Ecke zu fragen oder auch nette Mütter und Väter anzuhauen, die Sie am nächsten Sandkasten treffen, ist vielleicht jedoch hilfreicher; Sie bekommen eine Empfehlung gleich obendrein. Hängen Sie auch im Supermarkt eine Anzeige ans Schwarze Brett oder rufen Sie bei der Job-Zentrale der nächsten Uni an. Und wenn Sie jemanden gefunden haben: Seien Sie fair. Wer erkannt hat, wie wohltuend und wertvoll diese Arbeit sein kann, bezahlt sie angemessen – und meldet seinen Helfer oder seine Helferin auch ordentlich an. → 011.01 Jedes Ding braucht einen Platz, → 011.08 Regeln machen das Leben leichter: Dürfen Gäste in der Wohnung rauchen?

011.12

Humor zulassen, denn es gibt nichts Öderes als Wohnungen, in denen nur repräsentiert wird

In der Wohnbranche gibt es einen Trend, der sich skizzieren ließe wie folgt: *mehr ausprobieren, mehr leben, sich Ungewöhnliches trauen, weniger darstellen.* Allerdings anders als wir dies aus früheren Jahrzehnten kennen. So etwa heißt Farbigkeit derzeit nicht mehr unbedingt bunt gestreift, sondern eher einfarbig, das dann aber richtig in Feuerwehrrot oder Froschgrün.

Das Thema lässt sich durchdeklinieren, auch ganz ohne Tisch und Bett, und eine weitere Grundregel könnte man so umschreiben: *Charmant sind Wohnungen, in denen gelebt wird und denen man dies auch ansieht.* Dieser Trend, finden wir, verdient es, hier erwähnt zu werden, denn er ist sympathisch. Er akzeptiert, dass wir alle einen Alltag haben und dass es in unserem Leben glücklicherweise meist Dinge gibt, die wichtiger sind als eine perfekt gesaugte Ecke, ein auf Hochglanz getrimmtes Bad, eine Küche, in der nichts, aber auch gar nichts herumsteht. Und auch Wichtigeres als Wohngestaltung, die sich selbst feiert.

Versuchen Sie, in Ihrer Wohnung einigermaßen den Überblick zu behalten, etwas Klarheit und Struktur zu schaffen und eine Umwelt, die Ihnen entspricht, die Sie schön finden, die Ihnen Geborgenheit vermittelt – aber *lassen Sie dennoch ein Augenzwinkern hier und da zu, einen Stilbruch, eine Lässigkeit. Und machen Sie sich nicht verrückt, wenn Ihr Zuhause nicht perfekt ist.* In dieser Hinsicht sind Wohnungen einfach wie Menschen – nur die allerwenigsten sind komplett ohne Makel. Zum Glück. → 011.01 Jedes Ding braucht einen Platz

012

WACHSAM SEIN

012.01

Die neue Wohnung in Gefahr

Eigentlich ist Ihre neue Wohnung nicht in Gefahr: Leer war sie wunderschön, sonst hätten Sie sie nicht genommen. Auf alles, was hineinkommt und damit passiert, haben Sie Einfluss. Wichtig ist nur, dass Sie aufmerksam sind und beizeiten, wenn Sie eine Bedrohung wahrnehmen (wie ein Gewitter, was noch fern ist, aber doch im Aufziehen), etwas unternehmen. Ohne übertriebenes Engagement – bleiben Sie locker!

DINGE, DIE EINE WOHNUNG BEEINTRÄCHTIGEN KÖNNEN:

1.) Zu viele offene Regale, Schränke: wenn man alles sieht, zu wenig Klarheit herrscht.

2.) Zu große Unordnung: Schuhberge, Zeitungsstapel, Klamottentürme wohin man blickt.

3.) Zu große Ordnung: wenn Ihre Wohnung vor lauter Strenge nicht mehr lebt.

4.) Zu viel Repräsentation, etwa der Missbrauch von Büchern zu Deko-Zwecken.

5.) Ein Flur, der nur noch Funktionsraum scheint: Handy- und iPod-Ladegeräte, Jacken über Jacken, Tüten, das Altpapier.

6.) Fernseher, Hi-Fi-Anlagen und überhaupt: zu viel sichtbare Technik.

7.) Zimmerpflanzen, die eher Staubfänger sind, samt unschöner Übertöpfe.

8.) Notizblöcke, Kalender und Kühlschrankmagneten mit Werbeaufdruck.

9.) Rosa Plastikpferdchen mit Glitzermähne, Fisherprice-Babycenter und andere hässliche Spielsachen (bis zu einem gewissen Grad müssen Sie Toleranz üben).

10.) Zu viele Kosmetikflaschen im Bad.

11.) Zu viel von allem.

Rechts: Nicht jedes Spielzeug ist Designpreis verdächtig. Solange es die neue Wohnung nicht komplett okkupiert, drücken Sie ein Auge zu.

012.02

Sonderfall Vereinigungsumzug: Was, wenn seine coolen Stühle nicht zu Ihren Blümchenkissen passen?

Vielleicht passt es ja doch. Und wenn nicht: Hoffentlich merken Sie das nicht erst jetzt. Sie sind wie auch immer jedoch in bester Gesellschaft.

Der Entschluss zusammenzuziehen, also die eigenen Räume für gemeinsame aufzugeben, ist bei vielen Paaren der Startschuss für heftige Grundsatzdiskussionen. „Passen wir wirklich zusammen, wenn sie solche Sachen mag, so wohnen möchte?", fragt der eine. „Wie sollen wir echte Krisen überstehen, wenn er sich schon wegen ein paar Vorhängen so echauffieren kann?", die andere. Genervt sind beide und zwar mächtig.

Die Mediatorin Claudia Hoffmann, 41, berät Paare in Konfliktsituationen – auch solchen. Sie sagt: „Viele Menschen glauben: Aggressionen gegenüber denen, die man eigentlich liebt, dürfe man nicht haben." Das sei jedoch ganz falsch. „Betrachten Sie Konflikte als das, was sie sind: Als ein Signal, dass etwas (gerade) nicht stimmt und vielleicht verändert werden muss. Sowas ist sehr oft eine Chance!", so Frau Hoffmann. Konkret gibt die Mediatorin zum Paar-Umzug die folgenden Tipps:

- Erkennen Sie, dass es normal ist, dass Sie nicht völlig gleich ticken: So eins Sie sich auch fühlen oder gefühlt haben – Sie sind unterschiedliche Menschen mit unterschiedlichen Erfahrungshorizonten. Begreifen Sie dies als Chance!
- Setzen Sie sich möglichst rasch zusammen und knöpfen sich gemeinsam das Thema Einrichtung vor.
- Spinnen Sie rum: Welche Ideen könnten helfen? Das kann etwa sein, dass Sie alle Möbel, die nicht von beiden gemocht werden, verschenken oder verkaufen. Jeder könnte auch ein eigenes Zimmer bekommen und dieses einrichten, wie er möchte: mit lieben Blümchenkissen von Laura Ashley, mit nüchternen Sitzmöbeln von George Nelson.
- Sprechen Sie darüber, warum Ihnen etwas gefällt oder nicht. Verstehen hilft und sorgt dafür, dass der andere sich nicht angegriffen fühlt. Nur „iih!" sagen, führt keinen weiter.
- Keine Lösung in Sicht? Dann eine kleine Auszeit nehmen und einen zweiten Anlauf wagen. Kommen Sie auch dann nicht weiter, lassen Sie sich von einem Mediator helfen.

Tipp: Oft ziehen zwei, die zuvor bequem auf ihren jeweils 60 oder 70 Quadratmetern gelebt haben, samt all ihrem Plunder in eine gemeinsame Wohnung, die nicht doppelt so groß ist, sondern vielleicht 80, 90 Quadratmeter hat. Kennen Sie? Planen Sie dann besonders sorgfältig ausreichend Stauraum ein, besprechen Sie ganz genau, wo welche Möbel stehen sollen, und machen Sie sich damit vertraut, dass Sie bald nicht nur mit dem oder der Liebsten, sondern auch mit Dingen wie Sportgeräten oder einer Kommode für Tischwäsche leben werden. → 001.03 Planen Sie Trennung von Tisch und Bett?

013

WOHNEN IM SOZIALEN KONTEXT

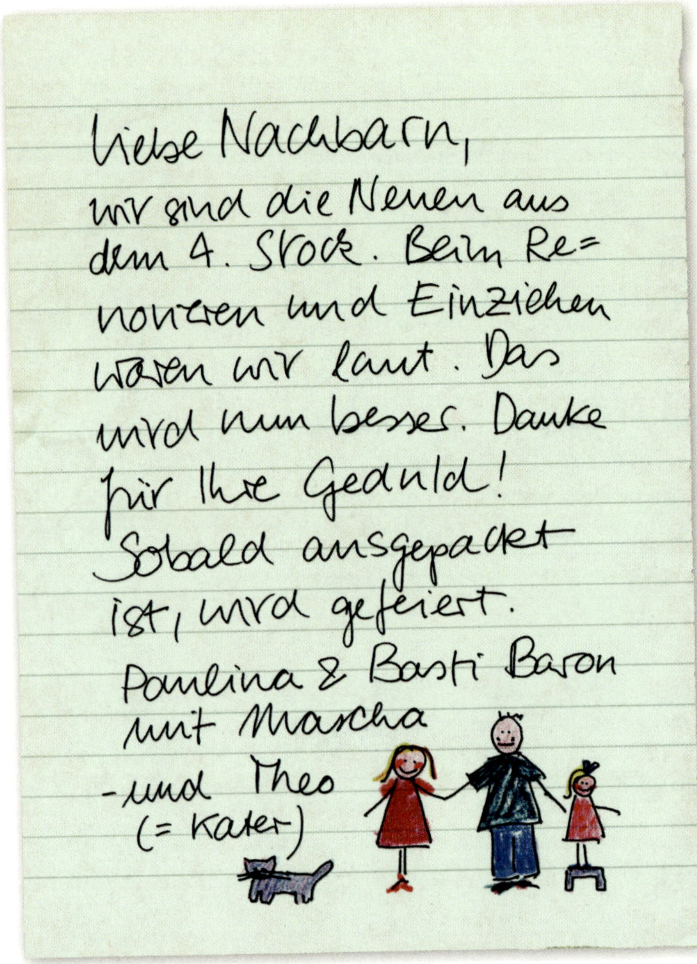

Liebe Nachbarn,
wir sind die Neuen aus
dem 4. Stock. Beim Re=
novieren und Einziehen
waren wir laut. Das
wird nun besser. Danke
für Ihre Geduld!
Sobald ausgepackt
ist, wird gefeiert.
Paulina & Basti Baron
mit Mascha
- und Theo
(= Kater)

Nachbarn werden Sie vermutlich auch in der neuen Wohnung haben. Seien Sie nett zu ihnen.

013.01

Was macht die neue Wohnung mit mir?

Joschka Fischer, 60, hat früher in WGs gelebt und wohnt nun in Berlin recht bürgerlich. Henning Scherf, 70, der lange Bürgermeister der Freien Hansestadt Bremen war, lebt schon ewig in einer achtköpfigen Wohngemeinschaft. Der eine steht im Ruf, sich ziemlich verändert zu haben, vom anderen heißt es, er sei immer schon derselbe.

Klar: *Welchen Anteil die Wohnsituation genau an der Entwicklung einer Persönlichkeit hat, ist nicht raus, und wird wohl auch bei jedem anders sein. Naheliegend aber ist es schon, dass etwa ein lichtes, schönes Haus mit einem Garten voller blühender Kirschbäume bessere Laune macht und mehr Energien freisetzt als eine Ein-Zimmer-Wohnung von der Größe eines Karnickelstalls, die an einer achtspurigen Ausfallstraße liegt.* Natürlich ist das ein Unterschied.

Tipp: Seien Sie hier nicht sparsamer als nötig, denn Sie wohnen jeden Tag. Achten Sie vor allem aber auch auf die Atmosphäre eines Hauses, auf das Gefühl, das Sie haben, wenn Sie die Treppen hochklettern, die Tür aufschließen. Nehmen Sie das Unbehagen ernst, das Sie überfällt, wenn Sie langweilige Wohnschnitten aus den Siebzigern betreten oder diese etwas protzige Doppelhaushälfte mit Gips-Löwen links und rechts der Garageneinfahrt – fragen Sie sich stets, ob eine Wohnung, ein Haus auch das Zeug hat, Ihnen ein Zuhause zu werden. *„Man kann einen Menschen mit einer Axt erschlagen“, hat Heinrich Zille gesagt, „aber man kann ihn auch mit einer Wohnung erschlagen.“* Und, tatsächlich: Derlei geschieht landauf, landab, Tag für Tag.

→ Extra 1: Bilanz ziehen

013.02

Was sich im Mehrfamilienhaus (und auch sonst) nicht gehört

- Das Treppenhaus als Abstellraum missbrauchen: für Dinge, die man eigentlich in den Keller tragen wollte, für Schuhe, volle Mülltüten.

- Häufig übel riechende Lebensmittel konsumieren, etwa schwedischen Surströmming. Das ist vergorener Hering. Der Geruch: ekelerregend. Regelmäßiger Verzehr ist nicht nur unschicklich, sondern seit einem Gerichtsbeschluss aus den 70er-Jahren in deutschen Mietshäusern sogar verboten: Sowas wird nicht als Pflege der Herkunft gewertet, sondern als Belästigung. Ein Extrembeispiel. Aber auch andere Lebensmittel können unter Umständen nerven.

- Zu neugierig sein. Und das Lauschen, Spionieren, mit dem Vorhang Wackeln.

- Die Schaufel mit Küchenbröseln über dem Balkon der anderen ausleeren.

- Auf Nachbarn schießen.

- Kinder von 5.20 bis 23.45 Uhr mit ihrem Bobby Car über die Köpfe der Nachbarn hinwegdonnern lassen.
- Im Haus oder ums Haus herum nicht richtig grüßen (wen auch immer!).
- Umzugskartons unzerlegt in die Papiertonne werfen, sodass niemand sonst mehr sein Altpapier dort entsorgen kann.
- Pakete für Nachbarn nicht annehmen.
- Die Polizei rufen, weil die Eheleute nebenan sich einmal streiten wie die Kesselflicker – und die Angelegenheit beim Treppenhaustratsch breittreten. Intoleranz ist schlimmer als ein ordentlicher Krach dann und wann.

→ 013.03 Den richtigen Ton gegenüber den neuen Nachbarn anschlagen: vorstellen ohne einschleimen

Den richtigen Ton gegenüber den neuen Nachbarn anschlagen: vorstellen ohne einschleimen 013.03

Wenn Sie in einen 17-Geschosser am Stadtrand ziehen, wo auf jeder Etage schon acht Parteien leben, müssen Sie nach Ihrem Einzug nicht an jeder Tür des Hauses klingeln. Inge Wolff, bereits zitierte Vorsitzende des Gremiums „Arbeitskreis Umgangsformen International", hat die Frage „wie stellt man sich richtig vor?" in demselben ausführlich diskutiert. Das Ergebnis: „Es genügt, wenn Sie sich den nächsten Nachbarn vorstellen." In einer Einfamilienhaussiedlung biete es sich an, die umliegenden Nachbarn zum Kaffee einzuladen, im überschaubaren Mehrfamilienhaus sollte man versuchen, sich allen persönlich vorzustellen, sagt sie: „Das geht aber auch, wenn Sie sich in der Waschküche begegnen." Ein Brief, den man ins Treppenhaus hängt, sei besser als nichts, ein Gespräch aber netter – die Leute verbinden mit Namen gern ein Gesicht. *Auch während des Umzugs kann man mal in der Nachbarschaft klingeln, sich für etwaigen Lärm entschuldigen, kurz „hallo" sagen.* „Wägen Sie aber ab, wann", sagt Inge Wolff: Bei Pensionären sei eine gute Zeit zwischen 11 und 11.30 Uhr, bei Berufstätigen zwischen 17 und 18 Uhr, und „besser nie" läute man „zu den Essenszeiten, nach 20 Uhr und am Wochenende". Was allerdings wohl auch davon abhängt, wo und neben wem man wohnt – zumindest in größeren Städten haben sich diese Regeln schon ziemlich aufgelöst. → 013.04 Eine wirklich gute Einweihungsfete schmeißen, → 013.02 Was sich im Mehrfamilienhaus (und auch sonst) nicht gehört

Links: Überall klingeln und sich artig vorstellen? Nett. Doch auch der Arbeitskreis Umgangsformen International hat sich damit befasst, ob das immer sein muss.

013.04

Eine wirklich gute Einweihungsfete schmeißen

Sie sind also angekommen in der neuen Wohnung, fühlen sich wohl – das ist ein guter Grund zu feiern. Ob die Fete gelingt, hängt letztlich von Ihnen ab, von der Musik und davon, wie dröge/lustig/interessant Ihre Nachbarn sind: Eine Garantie für eine richtig gute Einweihungsparty, die in München-Solln wie Berlin-Kreuzberg funktioniert, mit Studenten wie Nachbarn im Seniorenalter, kann Ihnen natürlich keiner geben, das wäre Augenwischerei. Eine Checkliste allerdings, die garantiert, dass Sie alles gegeben haben, die schon.

1. WEN EINLADEN?

Die Spediteure nicht, die müssten sonst täglich auf solche Partys. Natürlich laden Sie alle Freunde ein, die beim Umziehen geholfen haben. Vielleicht auch nette Handwerker. Und sonst? Sämtliche Bewohner von Etage Null bis 27? Alle Nachbarn der Straße? Nur zu – wenn Ihre neue Wohnung das hergibt. Wenn nicht: Laden Sie ein, wer neben und vor allem unter Ihnen wohnt. Sind Sie an den Stadtrand gezogen, werfen Sie Einladungen in die Briefkästen der drei, vier, fünf nächsten Häuser links und rechts. Denken Sie außerdem an ein paar Freunde und Bekannte – denn erstens sollten auch die sehen, wo und wie Sie nun gelandet sind, und zweitens macht es die Party im Zweifel lockerer.

2. FÜR WANN?

Der Samstag ist praktisch, denn auf ihn folgt der Sonntag, und an dem dürfen die meisten Menschen ausschlafen. Auch wird es samstags wegen lauter Musik weniger schnell Ärger mit den neuen Nachbarn, die nicht kommen, geben als an anderen Tagen der Woche. Nehmen Sie also einfach einen Samstag, möglichst bald nach dem Umzug, doch ohne Stress.

3. WIE?

Am besten, Sie schreiben etwas Persönliches, stellen sich darin ganz unprätentiös kurz vor („Wir sind die Neuen aus dem 3. Stock“): Die Einladungskarte ist auch eine 1A Gelegenheit, sich für den Lärm der Parkettschleifmaschine und das stundenlange Blockieren des Fahrstuhls zu entschuldigen. Schreiben Sie also das, und dass Sie sich freuen, wenn alle kommen. Vergessen Sie nicht zu erwähnen, dass niemand etwas mitzubringen braucht.

4. WOMIT?

Ob der Wein von Aldi genügt oder ob Sie lieber die nächste Kellerei ansteuern, ob Ihre Gäste mit einer Quiche glücklich sind oder mit einem Buffet des besten Feinkosthändlers der Stadt:

Derlei wissen Sie selbst am besten, und in aller Regel hängt das Glück davon nicht ab. Ist das Essen irgendwann aufgegessen, ist das halb so schlimm. Versuchen Sie jedoch, bei den Getränken nicht zu sparsam zu sein. Trocken zu fallen, verträgt sich meist nicht mit einer richtig guten Party, und nachts zur Tankstelle zu laufen, ist auch etwas blöde.

5. GASTGEBER SEIN

Unbekannte anzusprechen ist für viele Menschen nicht einfach. Wenn Sie feststellen, dass sich Ihre neuen Nachbarn nicht mit Ihren Freunden unterhalten und umgekehrt, wenn also alle unter sich bleiben und ein wenig fremdeln, dann gehen Sie dazwischen, sanft, aber bestimmt: Stellen Sie Ihre Freunde den neuen Nachbarn vor und umgekehrt. Sagen können Sie Dinge etwa wie „Das ist mein Freund Sebastian, Fliesenverleger mit Weltniveau" oder „Dies sind unsere Nachbarn, Herr und Frau Niedeling, die sich nicht einmal beklagten, als wir aus Versehen die Wand zu ihrem Schlafzimmer durchbohrten". Doch drängen Sie sich selbst nicht auf, sprechen Sie nicht zu viel über sich, hören Sie lieber zu, stellen Sie Fragen. Um sozial kompetent zu bleiben, ist es ratsam, den größten Teil des Weines den Gästen zu überlassen: Angetrunkene Gastgeber machen eine eher schlechte Figur. → 013.03 Den richtigen Ton gegenüber den neuen Nachbarn anschlagen: vorstellen ohne einschleimen, → 010.03 Stilvoll kochen und essen ohne Kaviarschaufel und Mandoline

EGADI
SALE
MARINO
FINO
EGADI
SALE
MARINO
FINO

Links: Brot und Salz standen einst für Wohlstand, Gesundheit, Sesshaftigkeit. Wer Ihnen diese Geschenk-Kombi überreicht, meint es lieb. Ist noch eine Münze dabei, kommt obendrein Geld ins Haus.

REGISTER

Danke

allen, die uns geholfen haben. Stellvertretend seien genannt:

Anne Bauer, Nine Budde, Jörg Ebers (www.ebers-architekten.de), Thomas Eck, Lena Elbert, Amélie Gebhard, Erdinç Güler, Sabrina Henssen, Hans Löffler, Cornelius Mangold, Lars Müller, Manuel Richter & das Team von Hofer Trans, Michaela Munteanu Rimnic, Katharina, Hajo und *Charlotte Noll* sowie *Tilo Schulz, Jörg von Stein, Susanne Stukenberg,* in deren Häusern, Wohnungen, Unternehmen wir fotografieren durften, denen wir beim Herumschrauben an Küchenmöbeln, beim Schleppen von Kisten oder sonstwo zusehen durften.

Folker Albrecht, der als Modell fungiert und dabei eine gute Figur gemacht hat.

Dr. Andreas Bortfeldt, der uns als wissenschaftlicher Berater in Sachen des „Cutting and Packing" zur Seite stand und uns schwer beeindruckte, weil er so klug und zugleich bodenständig ist. Kunst, Mathematik und Umzugswagen: ein Mann, bei dem alles zusammenpasst.

Stephan Dornhofer von der Magazin Warenhandelsgesellschaft und Schindler Parent Identity für die Nutzungsrechte einiger Bilder.

Claudia Hoffmann, Mediatorin aus Hamburg. Mit Fingerspitzengefühl und Sozialkompetenz beriet sie uns in puncto Nachbar- und Partnerschaft.

Raimund Kegel von der Handwerkskammer Konstanz für eine Handvoll handfester Handwerkertipps.

Bianca Koczan, eine völlig zurecht preisgekrönte Modedesignerin, die selbst für eine Gelegenheit wie den Umzugstag kleidungstechnisch einiges auf Lager hat.

Jens Körner, IT-Experte wie aus dem Bilderbuch. Er wusste gleich ein ganzes Dutzend Auswege für den Fall, dass das Internet nach dem Umzug ein paar Wochen lang nicht geht.

Hans-Eberhard Langemaack, Geschäftsführer des Immobilienverbands Deutschland. Er vermochte es, sehr freundlich die Perspektive von Vermietern darzulegen und verriet, wie man sich um eine tolle Wohnung bewirbt und sie dann auch bekommt.

Fabian Lehmann, Geschäftsführer von Doctor Wood, einem wirklichen Profi in Sachen Holz und Parkett.

Maximilian Maurer, Rechtsexperte beim ADAC, der unter anderem sagte, welchen Lieferwagen man mit einem ganz normalen Führerschein fahren darf. Und dass sich so ein Ding etwas anders fährt als beispielsweise ein VW-Golf.

Sophie Mecchia vom Deutschen Mieterbund, die so überaus geduldig und druckreif juristische Fragen beantwortete.

Nils Holger Moormann, sympathischer Besitzer der gleichnamigen Möbelfirma, der viel Verständnis aufbrachte für Menschen, die nach dem Umzug sparen müssen – und sich ihre Möbel darum selber basteln.

Thomas Neeser, einer der besten Köche der Hauptstadt. Er fand Zeit, für dieses Buch ein Rezept für eine Suppe zu kreieren, die so lecker ist, dass man auf die Knie fallen mag vor seiner Kunst.

Chris Pursche, Architektin und Gestalterin, die wirklich alles übers Wohnen weiß, es meisterlich versteht zu improvisieren und mit Problemen in der Zeit nach dem Umzug unkonventionell umzugehen. Als sie selbst umzog, war es in ihrer Wohnung trotz aller Kisten stets wunderschön. Wir haben sie dafür bewundert.

Thomas Radscheit von Domäne, der uns stundenlang durch dieses Möbelhaus führte.

David Schleiermacher, Hausarzt unseres Vertrauens, der für Menschen, die umziehen, nicht nur prima Hausmittel parat hielt, sondern uns auch bei sich zu Hause fotografieren ließ. Alles ganz ohne Praxisgebühr!

Barbara Schmid vom Wohnungsportal www.immowelt.de. Sie verriet wirklich brauchbare Tricks, mit denen man die unangenehme Angelegenheit der Wohnungsübergabe mir nichts, dir nichts hinter sich bringt.

Harald Schmidt, Chef der Kriminalprävention der Länder und des Bundes, der zu beruhigen wusste: Beim Umzug kommt selten was weg.

Stephan Schweda, Sprecher des Gesamtverbands der Deutschen Versicherungswirtschaft, der uns mit seiner Warnung vor einem Umzug auf eigene Faust vielleicht vor erheblichem Schaden bewahrt hat – wer weiß?

Roland Schwertner für alles mögliche an Infrastruktur.

Prof. Petra Stanak, eine neue Nachbarin, die uns noch gar nicht kannte und dennoch gleich die Schlüssel für ihre Wohnung in die Hand drückte und meinte „macht mal".

Claus Steck, Pfadfinder aus Ulm und Niederlassungsleiter der Spedition Walter-Umzüge in Berlin. Er nahm sich wirklich viel Zeit, uns alles zu zeigen. In seinem Unternehmen durften wir fotografieren, erfuhren wir, was wir nicht gewusst hatten. Unter anderem, wie hart umkämpft der Umzugsmarkt heute ist.

Piet Truhlar für die Sonne auf dem einen oder anderen Bild.

Günter Weise, dessen Berufsbezeichnung eine Herausforderung ist: Kachelofenluftheizungsbaumeister. Wir planen den Einbau eines Kamins für den Herbst.

Tilman Wendland, ein Künstler und Gestalter, dessen Rat überaus wertvoll war.

Ullrich Wendland, Künstler und Cousin von Tilman Wendland. Seinen Siebdruck „Badekappe" (S. 186) hätten wir selbst gern hinterm Schreibtisch hängen.

Michaela Witz vom Schuhaus Görtz in Hamburg. Sie macht ihren Job mit Leidenschaft – Gründe dafür, wieso man 100 Paar Schuhe braucht, sprudelten nur so aus ihr heraus.

Inge Wolff, Vorsitzende des Arbeitskreises Umgangsformen International. Wir hoffen, dass unsere Telefonmanieren sie nicht enttäuschten.

Wir danken außerdem den Firmen Bauknecht, bulthaup, Doctor Wood, Domäne, E15, Engel & Völkers, Extratapete, Goldstaub, Goertz, Hülsta, Möbel Höffner, Ikea, der Magazin Warenhandelsgesellschaft, Miele, Vitra, Walter-Umzüge, dem Studio Aisslinger, Wilde+Spieth, den Hotels Adlon und Vier Jahreszeiten, dem ADAC, dem Deutschen Mieterbund und der Tasso-Zentrale bzw. dem Tier-Notruf. Sie haben uns mit ihren Informationen sehr geholfen.

Bildnachweis

Alle Bilder von Florian Braun, Berlin. Ausnahmen: die Fotos auf den Seiten 66, 67 und 118 (Extratapete), Seite 114 (Tilman Wendland).

Impressum

Die Autorin

Judith Borowski, Jahrgang 1969, ist Journalistin und arbeitet u. a. in den Bereichen Kunst und Gestaltung. Sie war Redakteurin beim NDR und bei Financial Times Deutschland und schreibt für verschiedene Redaktionen in Deutschland und der Schweiz. Sie wohnt gern – und zieht dafür auch immer wieder um.

Der Fotograf

Florian Braun, Jahrgang 1969, lebt und arbeitet seit 1975 in Berlin.

Impressum

www.callwey.de, E-Mail: buch@callwey.de
Die Deutsche Bibliothek verzeichnet diese Publikation in der Deutschen Nationalbibliografie; detaillierte bibliografische Daten sind im Internet über http://dnb.ddb.de abrufbar.

ISBN 978-3-7667-1771-9

Gestaltung Innenteil: Nina Determeyer, Berlin
Umschlaggestaltung: Alexander Stix, München.
Nach einer Idee von Sandra Gramisci, Gramisci I graphikdesign, München
Fotoassistenz: Anca Munteanu Rimnic, Berlin
Druck und Bindung: Kessler Druck + Medien, Bobingen

Printed in Germany